KB039973

한국 계엄령 제도의 역사적 기원과 변천

한국 계엄령 제도의 역사적 기원과 변천

초판 1쇄 발행 2015년 4월 25일

지은이 ㅣ 김무용
펴낸이 ㅣ 윤관백
펴낸곳 ㅣ 도서출판선인

등록 ㅣ 제5−77호(1998.11.4)
주소 ㅣ 서울시 마포구 마포대로 4다길 4 곳마루 B/D 1층
전화 ㅣ 02)718−6252 / 6257   팩스 ㅣ 02)718−6253
E-mail ㅣ sunin72@chol.com
Homepage ㅣ www.suninbook.com

정가 10,000원
ISBN 978-89-5933-883-2 93910

· 잘못된 책은 바꿔 드립니다.

이 저서는 2011년도 정부(교육부)의 재원으로 한국연구재단의 지원을
받아 연구되었음(NRF-2011-327-A00050)

한국 계엄령 제도의 역사적 기원과 변천

김무용

책머리에

　1948년 정부수립을 전후한 시기에 남한사회는 내부적으로 극심한 체제대립과 이념갈등을 빚었다. 남북한 국가수립을 둘러싼 사회내부의 갈등은 전국적으로 확대되었으며, 이는 사회 저항운동의 수준을 넘어 내전상황으로 발전하였다. 제주 4·3사건이나 여순사건에서 보이듯이, 사회내부의 대립 속에서 내전공간이 계속 형성되고 확대되었다. 일종의 내전상태의 공간화라고 할 수 있다.

　미군정 당국과 정부는 내전상황이 전국적으로 확산되어 나가는 상황에서 사회적 대립을 통합하고 상황을 종료시킬 적당한 대책이나 수단을 찾지 못했다. 정부는 주로 대통령의 계엄선포를 통해 무력을 동원하여 사태를 해결하는 전통적 방식에 의존했다. 비상상태 또는 내전상태에서 계엄령은 상황을 효과적으로 정리할 수 있는 강력한 수단이었다.

　계엄령은 1948년 10월 여순사건에서 처음으로 선포되고 적용되었지만, 당시 계엄법령은 제정되지 않았다. 계엄령은 같은 해 11월 제주 4·3사건에서도 실시되었지만, 이때에도 계엄관련 법령은 존재하지 않았다. 정부는 1948년 제헌헌법 제64조에서 대통령의 계엄선포권을 규정하였지만, 시행에 필요한 하위 법령은 제정하지 않았다. 자연히 여순사건과 제주 4·3사건에서 선포, 적용된 계엄령에 대해서는 불법성 논란이 끊이지 않았다. 결국 제헌국회는 1949년 10월 들어 계엄법안을 본격적으로 심의하여 이를 최종 확정하였다.

제헌국회의 계엄법 제정은 한국 계엄령의 역사만이 아니라 넓게는 현대 국가수립 과정에서 중요한 의미를 지닌다. 한국에서 계엄령 제도의 입법화는 단순히 법률제정의 의미만이 아니라 제주 4·3사건, 여순사건으로 대표되는 내전국가의 역사적 경험이 반영된 결과물이었다. 계엄령은 내전국가에서 사회운동이나 대중반란을 진압하는 주요 수단으로 일상적으로 사용되었다. 일종의 계엄통치의 일상화였다. 계엄통치의 일상화는 정부가 사회 내부의 갈등을 정치적 수준에서 정리하지 못하고, 주로 군사력·물리력에 의존하여 해결했음을 보여준다.

제헌국회의 계엄법 제정은 계엄령의 구조와 체제, 성격 등에서 한국 계엄령의 원형이 형성되는 출발점이 되었다. 제헌국회는 일제 계엄령 제도를 기초로 계엄법 심의에 착수했으나, 논의과정에서 계엄법의 차별화, 계엄령 제도의 한국화를 이루어냈다. 정부와 대통령은 계엄법 제정을 계기로 비상권력으로서 계엄법 권력(martial law power)을 행사하는 계엄통치가 법적으로 가능해졌다. 계엄법은 대통령의 비상권력(emergency power) 또는 예외권력(extraordinary power)의 제도화를 넘어서 예외상태를 일상화하는 형태로 발전하고 있었다. 계엄법 권력을 앞세운 일종의 공포정치였다. 계엄법이 계엄통치의 일상화와 공포정치로 나아갈 위험성은 이미 계엄법 제정과정에서 예견되고 있었다.

지금까지 한국의 계엄법·계엄령에 대해서는 많은 연구가 이루어져 왔지만, 주로 법률적 측면에서 일제 계엄령과의 관계, 계엄령 선포의 정당성 및 위법성 문제가 중심을 이루었다. 이들 연구는 한국 현대사에서 계엄령의 법적 위치와 의미를 규명하는데 크게 기여했으나, 한편으로 연구방향이 주로 법적 정당성 여부에 집중되어 계엄령의 역사적 기원이나 내용, 성격과 의미 등을 전체적으로 조명하지 못한 한계를 가지고 있다.

　전체적으로 정부 수립 이후 제헌국회의 계엄법 제정과 그 내용에 대해서는 체계적인 분석과 정리가 이루어지지 못했다. 여기에서는 제헌국회의 계엄법 제정의 기원과 배경, 국회 심의와 주요 쟁점, 그리고 최종 확정된 계엄법의 체제와 성격을 구체적으로 분석하려고 한다. 이를 통해 한국 계엄령의 원형과 성격이 형성되는 계엄령의 한국화 과정, 그리고 내전국가의 속성으로서 계엄통치의 성격을 규명하려고 한다.

2015년 3월
김무용

차 례

제1장

제헌국회의 계엄령 헌법화와
계엄법안의 차별화

제헌국회의 계엄령 헌법화와 계엄법안의 차별화

머리말

1948년 국가수립을 전후한 시기는 일종의 내전상태였다. 제주 4·3사건이나 여순사건과 같이, 남북한 국가건설을 둘러싼 사회내부의 갈등은 체제대립을 넘어 내전상황으로 발전하였다. 정부와 군 당국은 내전상황이 격화되는 가운데 반란이나 저항운동을 효율적으로 진압하기 위해 계엄령을 일상적으로 사용했다. 계엄령은 내전국가에서 반란이나 봉기를 진압하는 군사전략의 주요 수단이었다. 계엄령의 일상화는 정부가 사회내부의 정치적 이념적 갈등을 통합하지 못하고, 주로 군사적 물리력에 의존하여 해결했음을 보여준다.

정부수립 직후 계엄령은 1948년 제주 4·3사건과 여순사건에서 처음으로 선포되고 적용되었지만, 당시는 계엄법령이 없는 상태였다. 정부는 1948년 제헌헌법 제64조에서 대통령의 계엄선포권을 규정하였지만, 시행에 필요한 하위 법령은 제정하지 않았다. 때문에 제헌국회에서는 여순사건에서 공포, 적용된 대통령의 계엄령 선포 자체에 대한 합법성 여부가 쟁점이 되었다. 결국 제헌국회는 1948년 12월 들어 처음으로 계엄법 제정을 논의하기 시작했으며, 이듬해인 1949년 10월 27일 최종 확정하였다.

제헌국회의 계엄법 제정은 한국 계엄령의 역사만이 아니라 넓게는 현대 국가형성 과정에서 중요한 의미를 지닌다. 계엄법 제정은 단순한 법률제정의 의미만이 아니라 제주 4·3사건, 여순사건으로 대표되는 내전국가의 경험이 반영된 결과물이었다. 정부는 제주 4·3사건, 여순사건을 거치면서 반란진압과 군사작전에 필요한 국가 비상권력을 입법화, 제도화하는 차원에서 계엄법 제정에 착수하였다.

지금까지 정부수립 직후 한국의 계엄법·계엄령에 대해서는 많은 연구가 이루어져 왔지만, 주로 법률적 측면에서 일제 계엄령과의 관계, 계엄령 선포의 정당성 및 위법성 문제에 집중되었다.[1] 이에 비해 제헌국회에서 계엄법안이 제출되는 역사적 배경과 과정, 여러 형태로 제출된 계엄법안 자체에 대해서는 심도 있는 검토가 이루어지지 못했다. 이 글에서는 해방 후 계엄법 제정의 역사적 기원과 제정과정, 계엄법안의 내용과 성격을 집중적으로 분석하려고 한다.

해방 후 계엄법 제정과정을 시기적으로 살펴보면, 제헌헌법에 대통령의 계엄 선포권이 규정된 이후, 여순사건과 제주 4·3사건에서 계엄령이 시행되고, 국회에서 계엄법안이 입법화되는 과정을 거쳤다. 입법화 과정은 법률적 수준에서 1단계(국방부 초안-1948.12.4), 2단계(지대형 의원안·외무국방위원회 초안-1949.6.23~7.9), 3단계(법제사법위원회 대안 제출-1949.10.5), 4단계(법제사법위원회 대안 심의와 통과-1949.10.12~10.27), 5단계(최종 계엄법 공포-1949.11.24)를 거쳤다. 계엄법안의 법 체제나 구조에서 보면, 처음에는 일제 계엄령을 모방화하는 단계에서 나중에는 점차 차별화하는 단계로 이행하였다.

---

1) 대표적인 연구는 다음과 같다. 김순태, 「제주 4·3민중항쟁 당시의 계엄에 관한 고찰-계엄의 법적 근거 유무에 대한 판단을 중심으로-」, 『민주법학』 제14호, 1998; 김창록, 「1948년 헌법 제100조-4·3계엄령을 통해 본 일제법령의 효력-」, 『법학연구』 제39권 제1호(통권 47호), 1998; 이상철, 「계엄법에 관한 문제점 고찰」, 『안암법학』 12집, 2001; 김상겸, 「계엄법에 관한 연구」, 『헌법학연구』 제11권 제4호, 2005; 김춘수, 「여순사건 당시의 계엄령과 군법회의」, 『제노사이드연구』 6집, 2009; 백윤철, 「계엄법에 관한 연구-일제의 계엄령과 건국 초기의 계엄법-」, 『법학논총』 33권 1호, 2009; 오동석, 「한국전쟁과 계엄법제」, 『민주법학』 43호, 2010.

이 글에서는 제헌국회에서 계엄법안이 제출되어 최종 확정되기 이전의 시기와 내용, 곧 3단계까지를 검토하고자 한다. 구체적으로 보면, 제헌헌법과 대통령의 계엄선포권, 제주 4·3사건과 여순사건에 시행된 계엄령의 내용, 그리고 계엄법안으로 국회에 제출된 국방부 초안, 외무국방위원회 초안, 법제사법위원회 대안을 분석대상으로 삼았다.

1. 계엄령 제도의 헌법화와 여순 및 4·3사건

1) 제헌헌법과 대통령 계엄선포권의 헌법화

해방직후 사회에서 계엄령으로 상징되는 군사제도와 문화는 낯선 것이 아니었다. 계엄령 제도는 1948년 제헌헌법에서 대통령의 계엄선포권이 규정되고, 1949년 11월 계엄법이 제정되기까지 공식적으로 존재하지 않았지만, 비교적 익숙한 개념이었다. 일제시기 일본 계엄령이 식민지 조선에도 적용되었고, 당시 신문에서도 다른 나라의 계엄령 실시가 자주 보도되었다. 또한 1946년 10월 미군정이 대구에서 민중항쟁이 일어나자 계엄령을 선포했으며, 1948년 10월과 11월에는 정부와 군이 여순사건과 제주 4·3사건을 진압하기 위해 계엄령을 공포했다.

해방 후 계엄령 제도는 처음에 주로 헌법 제정과 관련하여 검토되고 논의되었다. 새로운 독립국가 건설이 전망되는 가운데 국가의 방향과 성격을 결정하는 헌법제정은 중요한 관심사항이었다. 헌법에서 계엄령 조항은 주로 대통령 권한부문에서 다루어졌다. 먼저 김정실은 1947년 1월에 편찬한 『세계헌장』에서, 영국·프랑스·독일·이태리·소련·미국·중국·일본 등 각국 헌법을 번역·정리하였다. 여기에는 1919년 8월의 독일헌법 제3장(국 대통령 급 국 정부) 제48조에서 대통령이 공공의 안녕질서를 회복하기 위해 병력을 사용하고 국민 기본권을 정지하는 내용[2], 1787년 9월의 미국헌법 제1조 제9절 제2항에서 반란 또는 침략의 경우 공공의 안전을 위해 인신보호영장의 특권을 정지시키는 내용[3], 1946년 11월의 중화민국 헌법(55헌법) 초안의 제4장(중앙정부) 제1절(총통) 제40조에서 총통이 법에 의해 계엄 및 해엄을 선포하는 내용이 포함되었다.[4]

미군정 사법부 법률조사국도 1947년 들어 미국·일본·프랑스·소련·독일 등 각국 헌법을 번역하여 간행하였는데, 이 과정에서 계엄과 관련된 조항들이 정리되었다. 미국헌법에서는 제9조 제2항의 내란이나 외구(外寇)의 경우에 공안유지를 위해 인신보호에 관한 특권을 정지시키는 내용이 소개되었다.[5] 프랑스헌법 제3장(공화정치의 대통령) 제12조에서는 "대통령은 일주(一州) 또는 수주(數州) 등의 공위(攻圍)의 경상(景狀)을 포령(布令)할 권한이 있다"는 내용이 소개되었다. 여기에서 언급된 '공위의 경상'은 "평상의 법률을 사용치 않고 병률(兵律)을 사용하여 제사(諸事)를 처리"하는 것으로 정의되었는데, 이는 프랑스 계엄법의 포위상태 또는 합위상태를 설명한 내용이었다.[6] 또 독일헌법 제3장(국 대통령 및 정부) 제48조에서는 공공의 안녕질서에 중대한 위해가 발생할 경우 대통령은 질서회복을 위해 병력을 사용할 수 있으며, 기본권의 전부 또는 일부를 정지할 수가 있다는 내용이 소개되었다.[7] 이러한 각국 헌법조항에 대한 번역이나 검토는 제헌헌법 제정의 법률적 기반이 되었다.

2) 김정실 편,『세계헌장』, 삼중당, 1947, 81·91쪽.
3) 김정실, 위의 책, 202·207쪽.
4) 김정실, 위의 책, 223·227쪽.
5) 사법부 법률조사국,『각국헌법총집』(상권, 1), 1947, 14쪽.
6) 여기에서 프랑스 헌법은 1852년의 제2 제정헌법, 루이 나폴레옹 헌법이었다. 사법부 법률조사국,『각국헌법총집』(상권, 2), 1947, 237·240쪽.
7) 여기에서 독일헌법은 1919년 8월 11일에 공포된 바이마르공화국의 헌법이었다. 사법부 법률조사국,『각국헌법총집』(하권, 2), 1947, 143쪽.

1948년 정부수립을 계기로 헌법제정이 구체화되면서 다양한 차원에서
계엄령이 소개되고 논의되기 시작하였다. 예를 들어 이창수는 제헌헌법
을 다양한 측면에서 정리한『대한민국 헌법대의』를 간행하면서 부록으
로 각국 헌법을 싣고 미국헌법이나 중화민국 헌법 등에서 언급된 계엄관
련 조항을 소개하였다.[8] 또 군에서 게릴라 토벌작전을 위해 발간한 교육
교재에서도 공산유격대가 적의 공격에 대비하여 초소설치, 순찰이나 정
찰, 교통차단이나 통행금지 등을 실시하는 지방계엄 요령이 소개되었다.[9]
이러한 공산 유격대의 지방 계엄 내용은 이후에도 계속 소개되었다.[10]

특히 1948년 제헌국회가 헌법을 제정하기 위해 각국 헌법을 검토하는
과정에서 계엄령에 대한 이해가 심화 확대되었다. 제헌국회 의원들은 헌
법 제정과정에서 각국 헌법에 규정된 계엄령 관련 조항을 검토하였다.[11]
각국 헌법에 대한 비교와 검토 작업은 1948년 헌법제정과 관련하여 집중
적으로 이루어졌다.[12] 이러한 작업의 결과는 1949년 5월 법제처 법제조
사국이 발간한『현행각국헌법전』(법제자료 제1집)에서 확인할 수 있다.
이 책은 프랑스·이태리·이라크·미국·소련 등 2차 세계대전 이후 현
행 각국 헌법을 망라하여 번역 정리한 것으로 당시 법제처장이었던 유진
오 등이 소장한 자료를 활용하였다.[13]

---

8) 이창수,『대한민국헌법대의』, 동아인서관, 1948, 182·198쪽.
9) 대표적으로 1948년 8월 조선경비대 교육교재로 출간된『중공군의 유격전법 급
   경비와 토벌』(정일권·예관수 공편, 병학연구사, 1948)이 있다. 이 책은 경비
   대 교육훈련에서 중국 공산군의 유격전법을 철저히 분석, 교육하고 향후 대책
   을 수립하는 차원에서 발간되었다. 정일권·예관수 공편, 위의 책, 116~117쪽.
10) 김일수,『적화전술, 조국을 좀먹는 그들의 흉계』, 경찰교양협조회, 1949, 231~234쪽.
11) 이에 대해서는「계엄법안 제2회 독회」, 국회사무처,『제5회 국회임시회의속기록』
    제24호(1949.10.26), 473~474·484~485쪽 참조.
12) 이에 대해서는 다음 논문을 참조. 한태연,「제헌헌법의 신화」,『동아법학』6호,
    1988; 전광석,「제헌의회의 헌법구상」,『법학연구』15권 4호, 2005; 신용옥,「대
    한민국 헌법의 제정과 현민 유진오; 대한민국 제헌헌법 기초 주체들의 헌법 기
    초와 그 정치적 성격」,『고려법학』51집, 2008.
13) 법제처 법제조사국,『현행각국헌법전』(법제자료 제1집, 1949),〈범례〉참조.

이 책에 소개된 각국 헌법 가운데, 먼저 중화민국 헌법의 경우, 제4장 (총통) 제39조에서, 총통은 법률의 정하는 바에 의하여 계엄을 선포하지 만, 반드시 입법원의 동의 또는 추인이 있어야 한다고 규정되었다.[14] 필 리핀 헌법 제7조(행정부) 제11항 제(2)호에서는 대통령은 침략이나 폭동, 반란의 경우 공공의 안전을 위해 인신보호령의 특권을 정지하거나 계엄 령을 실시할 수 있다고 규정하였다.[15] 터키헌법 제5장(국민의 기본권리) 제86조에서는 전쟁이나 반역, 공화국에 대한 중대한 음모가 있을 경우, 국무회의는 계엄을 선포할 수 있도록 하였다. 특히 계엄의 실시 중에는 신체와 거주의 자유, 통신의 비밀, 출판의 자유, 집회와 결사의 자유를 잠정적으로 제한 또는 정지할 수 있는 조항도 포함되었다.[16] 미국헌법 제1조 제9항 제(2)호에서 반란이나 침략의 경우에 공공의 안전을 위해 인신보호영장의 특권을 정지시키는 내용도 계속 포함되었다.[17]

1948년 정부수립을 전후하여 진행된 각국 헌법에 대한 검토 작업은 헌 법에서 대통령의 계엄령을 입법화하는 바탕이 되었고, 이는 제헌헌법 64 조에서 대통령의 계엄선포권을 신설하는 형태로 나타났다. 일종의 계엄 령의 헌법화 과정이었다. 제헌국회의 헌법 기초와 심의 과정에서 대통령 의 계엄선포권 자체는 큰 쟁점이 되지 않았다. 제헌국회의 헌법초안 독

---

14) 또한 입법원은 필요하다고 인정하는 때에는 결의에 의하여 총통에게 해엄을 요구할 수 있다는 조항도 포함되어 있다. 「중화민국헌법」(1947년 12월 25일 시행), 법제처 법제조사국, 위의 책, 94쪽.
15) 「비율빈(比律賓)헌법」(1940년 개정), 법제처 법제조사국, 위의 책, 142쪽.
16) 다만, 계엄은 1개월을 초과하지 못하며 또 지체 없이 대국민의회에 제출하여 승인을 얻어야 하는 조항이 포함되어 있다. 터키헌법에서는 다른 나라 헌법에 비해 계엄령이 비교적 구체적으로 규정되었다. 곧 의회가 필요할 경우 계엄의 존속기간을 연장 또는 단축하고, 휴회 중인 때에는 의회를 즉시 소집해야 하며, 계엄이 실시될 지역이나 전기 규정의 적용, 전시상태에서 자유를 제한 또 는 정지하는 방법은 법률로써 정한다는 조항도 포함되어 있다. 「토이기(土耳 其)공화국헌법」(1937년 2월 5일 개정), 법제처 법제조사국, 위의 책, 207쪽.
17) 「아메리카합중국헌법」(1787년 제정), 법제처 법제조사국, 위의 책, 295~296쪽.

회 과정에서 계엄관련 내용은 처음에 제63조에서 "대통령은 법률에 정하
는 바에 의하여 계엄을 선포"하며, 제71조에서 계엄안, 해엄안도 국무회
의 의결을 거쳐야 하는 조항으로 신설되었다. 또한 제65조에서 대통령의
국무에 관한 행위는 문서로 하며, 모든 문서에는 국무총리와 관계 국무
위원의 부서(副署)가 있어야 한다는 규정에 따라 계엄의 공포나 해지도
국무회의 의결과 함께 국무위원들이 부서하는 절차가 의무화되었다.[18]
곧 계엄령은 국무회의 의결과 국무위원 부서를 거쳐 대통령령으로 공포
하도록 헌법에 규정되었다.

제헌헌법 초안 심의 과정에서 조봉암은 계엄선포권을 비롯하여 세계
적으로 유례가 없는 "제국 이상의 강대한 권한을 장악한 대통령"의 권한
을 비판하고 한 사람에게 "강대한 권력을 부여하면 독재될 폐단"이 발생
할 수 있다고 우려하였다. 그는 헌법초안에서 대통령이 조약체결권, 선
전포고권, 국방군 통수권, 관공리 임면권, 계엄선포권 등의 권력을 갖고
'인민을 마음대로 휘두르고 마음대로 처벌할 수 있는 무서운 대통령'을
만든다면, 우리는 "인민의 적"이 될 것이라고 비판하면서 "헌법 초안의
근본적인 결함과 비민주성"을 지적하였다.[19] 조봉암의 발언은 대통령 중
심제 정부에서 대통령 권한의 과잉 집중을 비판한 것이지만, 계엄령 자
체의 문제점을 지적한 것은 아니었다. 당시 헌법제정 과정에서 대통령
중심제와 의원내각제 정부형태를 둘러싼 대립은 심각하였다.[20] 제헌헌
법의 계엄관련 조항은 이후 축조 심의 과정에서 어떠한 이의제기도 받지
않았으며[21], 최종적으로 헌법 제64조에서 대통령의 계엄선포권, 72조에

18) 국회사무처,『제1회 국회속기록』제17호(1948.6.23).
19) 국회사무처,『제1회 국회속기록』제21호(1948.6.30).
20) 이에 대해서는 다음 논문을 참조. 서희경,「대한민국 건국기의 정부형태와 운
    영에 관한 연구-'대통령 권한의 통제'에 관한 논쟁을 중심으로」,『한국정치학
    보』35권 1호, 2001; 박명림,「한국의 초기 헌정체제와 민주주의: "혼합정부"와
    "사회적 시장경제"를 중심으로」,『한국정치학회보』37권 1호, 2003.

서는 계엄안과 해엄안이 국무회의 의결사항으로 각각 신설되는 형태로 정리되었다.[22]

제헌헌법에서 대통령의 계엄선포권은 일부 다른 나라 헌법과 같이, 주로 대통령의 권한으로서 비상권력·긴급권력을 헌법화·제도화하는 차원에서 논의되고 규정되었다. 이러한 사실은 당시 국회나 사회일반의 계엄령에 대한 인식수준을 일정하게 보여준다. 당시 사회에서 계엄령이 선포되면 군대가 모든 권한을 장악하고 국민의 기본권은 제한된다는 인식이 일반화되어 있었다. 이러한 인식은 물론 일제 군국주의 계엄령 제도나 파시즘 통치문화에 익숙해 있던 관념을 반영한 일이었다.[23]

실제로 당시 경찰의 경우에도, '계엄령 하에서 경찰의 통상법규는 효력이 정지되고 모든 경찰활동은 군대가 수행'하므로 경찰은 다만 '보조적 역할'을 한다고 생각했다.[24] 헌법기초위원으로 제헌헌법을 기초한 유진오는 대통령의 권한에서 계엄선포권을 포함시켰다. 그는 계엄을 '전쟁이나 내란에서 병력으로 치안을 유지하기 위해 전국 또는 지방의 행정권과 사법권의 전부 또는 일부를 군대의 관할 아래로 옮기는 것'으로 정의했으며, 계엄선포는 "국민의 권리의무에 중대한 영향을 주는 권한"으로 파악하였다.[25] 이러한 입장은 일제 계엄령 제도나 문화, 그리고 관행에 근거한 전통적인 인식을 보여주는 것이었다.

전체적으로 제헌헌법에서 대통령의 계엄선포권은 파시즘 통치문화의

21) 국회사무처, 『제1회 국회속기록』 제26호(1948.7.6).
22) 국회사무처, 『제1회 국회속기록』 제28호(1948.7.12).
23) 한상범은 제헌헌법에서 규정된 계엄령과 긴급명령 제도를 명치헌법을 비롯한 일제 법의 잔재라고 비판하였다. 또한 강정민은 제헌헌법은 긴급명령이나 계엄제도를 명치헌법 그대로 받아들였으며, 자유주의의 핵심적 필요조건인 기본권을 제대로 보장하지 못했다고 지적하였다. 한상범, 「현대 한국의 법제와 일본제국주의의 잔재」, 『법학논총』 12집, 2000, 9쪽; 강정민, 「제헌헌법의 자유주의 이념적 성격」, 『정치사상연구』 11집 2호, 2005, 101쪽.
24) 박재우, 『신경찰법』, 대성출판사, 1948, 170쪽.
25) 유진오, 『나라를 어떻게 다스리나』, 일조각, 1949, 87쪽.

전통이 강한 일부 국가의 헌법조항을 수용하는 차원에서 검토되었다. 제헌헌법 초안 기초나 심의 과정에서 계엄령은 전쟁이나 국가 위기에 대응하기 위한 독자적 필요성 보다는 주로 각국 헌법과의 비교 속에서, 비상권력 또는 긴급권력으로서 대통령의 계엄령 권력을 헌법화하는 수준에서 정리되었다. 이에 비해 근대 국민국가에서 대통령의 계엄령 권력 자체가 갖는 근본적인 필요성과 정당성의 문제, 곧 대통령의 계엄 선포권이 반드시 필요한 권한인가, 나아가 계엄령 시행과정에서 국민의 기본권을 제한하는 것이 정당한 것인가 등의 본질적인 문제는 제대로 논의되지 못하였다.

2) 여순 및 제주 4 · 3사건과 계엄령 공포

1948년 제헌헌법 64조에서 대통령 비상권력으로서 계엄선포권이 규정되었지만, 시행법인 계엄법은 제정되지 않았다. 제헌헌법 64조는 "대통령은 법률의 정하는 바에 의하여 계엄을 선포한다"고 규정하여 대통령의 계엄선포권은 법률에 의하여 시행할 수 있었다. 헌법을 뒷받침하는 계엄법이 제정되지 않은 상태에서 1948년 여순사건이 일어나자, 정부는 대통령령으로 계엄령을 처음 공포했다. 정부는 대통령령으로 1948년 10월 25일 여수 및 순천지역을 합위지경(合圍地境), 이어 4 · 3사건이 진행 중인 1948년 11월 17일 제주지구를 합위지경으로 각각 정하고 계엄을 시행할 것을 공포했다.[26] 정부입장에서 여순 및 제주 4 · 3사건에 대한 계엄선포는 일종의 계엄령의 시행화 과정으로서 향후 제헌국회에서 제정되는 계엄법의 내용과 방향에 중대한 영향을 미쳤다.

26) 대통령령 제13호, 「계엄선포에 관한 건」(1948.10.25), 『대한민국관보』 제10호; 대통령령 제31호, 「제주도지구 계엄선포에 관한 건」(1948.11.17), 『대한민국관보』 제14호.

여순사건, 제주 4·3사건에서 선포된 계엄령은 형식적으로는 국무회의 의결을 거쳐 대통령령으로 선포되었다. 여순사건 계엄령은 국무회의 의결을 거쳐 1948년 10월 25일 대통령령 제13호, 제주 4·3사건 계엄령은 1948년 11월 17일 대통령령 제31호로 공포되었다.[27] 제주 4·3사건과 여순사건 계엄령의 철폐도 각각 대통령령 제43호 및 제55호로 해제되었다.[28] 이처럼 정부가 계엄령을 대통령령으로 공포·해제하는 형식과 절차를 거쳤지만, 국회에서 계엄령 선포의 법적 근거와 합법성 여부가 쟁점이 되었다.

제헌국회에서 최국현 의원은 정부가 계엄령을 헌법 몇 조에 근거하여 발포했는지에 대해 의문을 제기하며, 만약 57조(긴급조치권)에 의지했다고 하면 이는 "일본천황이 하는 그러한 계엄령"에 지나지 않는다고 비판하였다. 김병회 의원은 비록 헌법 64조에서 대통령의 계엄선포권을 규정하였지만, 아직 계엄법을 만들지 못하였기 때문에, 현재 계엄령 선포는 헌법 규정을 위반했다고 지적하였다. 다만, 계엄령이 헌법 57조에 규정한 긴급명령에 근거했다면, 당연히 국회의 승인을 얻어야 한다고 주장하였다.[29] 이처럼 제헌국회에서 계엄령의 법적 근거와 합법성 여부가 쟁점이 되었지만, 계엄령 제도 자체의 문제는 크게 논란이 되지 않았다. 이는 당시 계엄령 제도와 문화에 익숙해 있던 사회적 관행과 인식수준을 보여준다.

법무부장관 이인은 여순사건에 대해 선포한 계엄령은 "대통령이 하는 것"이며 "헌법 57조에 의지한 비상조치"도 아니라고 밝혔다. 그는 현재 계엄법이 제정되지 않은 까닭에 현지 군사령관이 "동란을 방지하는 긴급

---

27) 위와 같음.
28) 대통령령 제43호, 「제주도지구 계엄해지에 관한 건」(1948.12.31), 『대한민국관보』 26호; 대통령령 제55호, 「여수순천지구 계엄해지에 관한 건」(1949.2.5), 『대한민국관보 호외』.
29) '인민재판의 배석판사는 국회의원 황두연으로 판명', 「황두연 의원 신변에 관한 질문」, 국회사무처, 『제1회 국회속기록』 제94호(1948.11.2), 204~205쪽.

조치의 수단"으로서 "반란상태를 수습"하기 위해 "계엄령을 발동"하였다고 주장하였다.[30] 국방부차관 최용덕은 현지 사령관이 책임을 가지고 반란군을 숙청하며 모든 책임은 사령관에게 있다고 주장하였다.[31] 정부가 계엄령을 공포했지만, 계엄법이 없는 상태에서 계엄선포권의 법적 근거, 계엄업무의 지휘와 책임문제 등을 제대로 정리하지 못하였다.

여순사건이나 제주 4·3사건에서 계엄령 선포는 주무부서인 국방부가 주도하였다. 국방부 차관 최용덕은 반란군의 모든 문제는 "국부(局部)지대에 현지 사령관이 책임"이 있지만, "국방부에서 있는 책임자로서는 거기에 지시를 하는 것이며 역시 어떠한 때든지 양민이나 누구든지 보호하는 책임"이 있다고 밝혔다.[32] 계엄령 발표나 해제도 국방부가 주도하고 담당하였지만, 최종 결정권은 대통령에게 있었다. 계엄령 해제도 국방부장관이 "대통령께 상신"하여 "대통령의 승인"을 얻어 철폐하는 절차를 거쳤다.[33] 따라서 계엄령의 지휘계통은 현지 계엄사령관 → 국방부장관 → 대통령으로 보고되고 처리되었다.

국방부가 계엄령 공포나 해제를 주도했지만, 이는 국무회의의 논의와 의결을 거쳐 결정되었다. 당시 국방부 장관 이범석은 "계엄령을 발포하기 전에 객관적으로 주관적으로 모든 것을 많이 토의하고 고려"했으나, 사건을 신속하고 효과적으로 처리하기 위해 계엄령을 발포했다고 밝혔다. 특히 계엄령 공포가 국제사회에 미칠 정치적 영향도 고려하였다.[34]

---

30) 「황두연 의원 신변에 관한 질문」, 국회사무처, 위의 자료(제94호), 184~190쪽, 204~205쪽.
31) 「황두연 의원 신변에 관한 질문」, 국회사무처, 위의 자료(제94호), 184~190쪽.
32) 위와 같음.
33) 「국내 교란사건 보고, 단기 4281년 4월 이강」, 국회사무처, 『제1회 국회속기록』 제124호(1948.12.8), 371~376쪽; 「국방부, 전라남북도 계엄해제를 발표」, 『호남신문』 1949.2.5.
34) 이범석은 국제인들이 볼 때, 한국에서 큰 사건이 일어나 수습하지 못할 상황에서 계엄령을 발포했다고 정치적으로 해석할 수 있는 우려도 검토했음을 밝히고 있다. 「국내 교란사건 보고, 단기 4281년 4월 이강」, 국회사무처, 위의 자

실제로도 대통령령으로 공포된 계엄령 선포 및 해지 공문에서 모두 "국무회의의 의결을 거쳐서 제정"되었다는 사실을 밝히고 있고, 국무위원 부서(副署)가 있는 것으로 보아 국무회의에서 논의된 것으로 보인다. 현재 여순사건이나 제주 4·3사건의 계엄령 공포에 대한 국무회의 기록은 없으나, 여순사건 계엄령의 해제를 논의한 국무회의 기록은 남아있다. 국방부는 1949년 2월 1일에 열린 제15회 국무회의에서 보고사항으로「계엄령 해제에 관한 건」을 상정하였다. 국방부는 16명의 국무위원이 참석한 이 회의에서 전남지구 계엄령을 UN 한위(韓委) 입국 등 정치적 관계를 고려하여 해제 상신(上申) 중임을 보고하였고,[35] 1949년 2월 5일 여순사건 계엄령은 철폐되었다.[36]

정부와 군 당국은 여순사건과 제주 4·3사건에서 일제 계엄령 구조나 개념을 가지고 계엄을 선포하고 시행하였다. 정부가 여순사건에 대해 계엄령을 선포한 직후인 1948년 11월 9일, 동광신문은 일반 국민들에게 계엄령의 이해를 돕기 위한 기사를 실었는데, 이는 전체적으로 일제가 1882년 공포한 계엄령을 정리한 것이었다.[37] 당시 정부나 군, 사회일반에서 계엄령에 대한 인식은 일제 계엄령의 틀에 갇혀 있었음을 보여준다.

먼저 첫째 문서 형식의 측면에서 보면, 여순사건이나 제주 4·3사건 계엄령 공포의 공문 서식이나 문구는 일제의 '계엄선고'와 거의 동일하다. 일본의 명치시대 계엄령 공문 형식이 ① 계엄선고의 건(공문제목),

　　료(제124호), 같은 쪽.
35) 국무총리실,『제15회 국무회의록』(1949.2.1).
36) 대통령령 제55호,「여수순천지구 계엄해지에 관한 건」(1949.2.5),『대한민국관보 호외』.
37) 주요 내용은 계엄의 종류를 임전지경(臨戰地境)과 합위지경(合圍地境)으로 구분, 임시계엄의 선고 조건, 계엄 선고권자의 자격, 계엄시 지방행정과 사법사무의 관장문제, 계엄사령관의 집행권한 등이었다.「계엄령」, 명치 15년(1882)년 8월, 태정관 포고 제36호, 개정 명치 19년(1886) 칙령 제74호, 조선총독부 편찬,『조선법령집람』(상권), 조선행정학회, 1940, 7~8쪽;「계엄령이란 무엇인가?」『동광신문』1948.11.9.

② 공포날짜와 칙령 호수, ③ 공문내용(공포절차), ④ 어명어쇄(御名御
璽)와 공포일, ⑤ 내각 총리대신 등의 부서(副署), ⑥ 칙령호수와 공문내
용(계엄실시 내용)으로 이루어져 있다.[38] 정부가 여순 및 제주 4·3사건
에서 공포한 계엄령의 공문 형식도 ① 계엄선포에 관한 건(공문제목), ②
공포날짜와 대통령령 호수, ③ 공문내용(공포절차), ④ 대통령 직인과 공
포일, ⑤ 국무위원 등의 부서(副署), ⑥ 대통령령 호수와 공문제목, 공문
내용(계엄실시 내용)으로 이루어져 있다.[39] 특히 정부가 공포한 계엄령
의 공문 문구나 내용은 일제의 계엄령과 거의 유사하다. 예를 들어 계엄
령 공포절차에 대한 공문을 보면, 일제의 내용(③-짐은 추밀고문의 자순
(諮詢)을 거쳐 제국헌법 제14조에 의해 계엄선고의 건을 재가하고 이에
공포한다)과 정부의 내용(③-국무회의의 의결을 거쳐서 제정한 계엄선포
에 관한 건을 이에 공포한다)은 거의 같다. 또 계엄실시 내용이 들어있는
일제의 공문내용(⑥ 어떤 지역을 임전(臨戰)지경으로 정하고 본령 발포
일로부터 계엄을 시행할 것을 선고한다)과 정부의 공문내용(⑥ 동지구를
합위지경으로 정하고 본령 공포일로부터 계엄을 시행할 것을 선포한다)
도 거의 유사하다.

둘째로 계엄·계엄령의 체제나 구조에서도 여순사건과 제주 4·3사건
에 공포된 계엄령은 일제 계엄령에 바탕을 두고 있다. 먼저 여순사건 지
역과 제주에 공포한 계엄종류를 합위지경으로 설정한 점, 계엄지구에서
사법 및 행정사무는 계엄사령관이 독할하게 한 점,[40] 계엄지구에서 일반
민간인을 군법회의에 회부한 점[41] 등도 일제 계엄령에 근거한 것이었다.

---

38) 鵜飼信成, 『계엄령개설』, 有斐閣(부록: 제2 관계자료), 1945, 181~183쪽.
39) 대통령령 제13호, 「계엄선포에 관한 건」(1948.10.25), 『대한민국관보』 제10호.
40) 원용덕 호남방면 사령관은 포고문에서 전라남북도는 계엄지구이므로 사법 및
    행정 일반은 자신이 독할한다고 선언하였다. 「원용덕 호남방면 사령관, 계엄
    지구에 포고문을 발표」, 『동광신문』 1948.11.5.
41) 『동광신문』 1948.11.5.

셋째로 계엄업무 내용에서도 여순사건과 제주 4·3사건에서 실시한
사항은 대체로 일제 계엄령에서 규정된 내용이었다. 당시 정부와 군 당
국은 계엄지역에서 민사지도부, 민사처, 민정실 등을 설치하여 치안을
확보하고 피난민, 귀환자에게 양민증을 발행하였다.[42] 계엄당국이 여순
사건에서 일반적으로 시행했던 조치는 검열, 야간 통행 금지, 교통차단
과 일반여행 금지, 우편 및 전신 전화 등 통신금지였다.[43] 제주 4·3사건
에서도 교통제한, 우편통신·신문잡지 등 검열, 부락민 소개, 교육기관에
대한 제한 등의 세칙이 발표되었다.[44] 특히 계엄령이 선포된 여순사건
지역이나 제주에서는 군경을 제외한 일반관민도 통행을 제한받았으며,
계엄당국으로부터 여행증명서, 신분증명서를 교부받아야만 다닐 수 있
었다.[45] 이러한 계엄업무의 주요 내용은 대개 일제 계엄령 제14조에 규
정된 계엄사령관의 집행권한에 해당하는 것이었다.[46]

3) 계엄령 공포와 시행의 법적 요건

정부가 여순사건과 제주 4·3사건에서 공포한 계엄령은 계엄법이 없

---

42) 「반란사건에 관한 보고」, 국회사무처, 『제1회 국회속기록』 제93호(1948.11.1),
   145~159쪽; 「여순사건, 〈기자 현지답사: 계엄령 선포된 순천의 거리 표정〉」, 『세
   계일보』 1948.10.28; 「반란지구 현지조사 보고」, 국회사무처, 『제1회 국회속기
   록』 제94호(1948.11.2), 174~181쪽.
43) 「원용덕 호남방면 사령관, 계엄지구에 포고문을 발표」, 『동광신문』 1948.11.5;
   『서울신문』 1948.11.14; 『동광신문』 1948.11.19; 「목포해군기지 사령관, 전라남
   도 목포지구 계엄령 전면 해제」, 『서울신문』 1949.2.11.
44) 「제주도 전역에 계엄령 포고 제1호 발표」, 『조선일보』 1948.11.30; 『자유신문』
   1948.11.30.
45) 『서울신문』 1948.12.23; 「김인경 호남지구 헌병사령관, 여행증명제 폐지를 발
   표」, 『서울신문』 1949.1.19; 「지리산전투지구에 일반인의 통행을 제한」, 『자유
   신문』 1949.12.30; 「목포해군기지 사령관, 전라남도 목포지구 계엄령 전면 해
   제」, 『서울신문』 1949.2.11.
46) 「계엄령」, 조선총독부 편찬, 앞의 책, 7~8쪽 참조.

는 상태에서 실시되었기 때문에 계엄의 내용과 범위가 법적 요건이나 기준을 갖추지 못했다. 비록 일본 계엄령에 근거했다 하더라도, 실제 계엄의 종류나 내용만이 아니라, 계엄실시 지역의 계엄업무도 현지 계엄사령관이나 군 지휘관의 일방적인 결정과 행동에 따라 좌우되었다.

정부가 여순사건과 제주 4·3사건에서 계엄의 종류를 합위지경으로 지정했으나, 일제 계엄령에 근거하여 보면, 합위지경이 아닌 임전지경이 적합하다. 일제 계엄령에서 임전지경은 전시 또는 사변에 선포되지만, 합위지경은 적의 합위나 공격, 기타 사변에 공포되기 때문에 경계나 대응수준이 상대적으로 높다.[47] 여순사건이나 제주 4·3사건은 전쟁이나 외부의 침략이 아닌 국내 수준의 반란이나 내전에 가깝기 때문에 일제 계엄령에 따르면 임전지경에 해당한다. 당시 어떤 신문은 여순지역의 계엄종류를 정부가 발표한 합위지경이 아닌 "임전지구 계엄령"으로 보도하였다.[48]

또한 일제 계엄령에 따르면, 합위지경에서는 계엄사령관이 모든 지방 행정 사무와 사법사무를 관장할 권한이 있다고 규정되었으나, 정부는 여순사건이나 제주 4·3사건에서 합위지경을 선포하고도 계엄사령관은 군사와 관계있는 행정 및 사법사무만을 관장하도록 하였다.[49] 일제 계엄령에서 계엄사령관이 군사와 관계있는 행정 및 사법사무만을 관장하도록 규정한 계엄의 종류는 임전지경이었다. 이러한 점은 당시 정부나 군이 일제 계엄령조차도 제대로 이해하고 공포했는지 의문이 드는 부분이다.

---

47) 위와 같음. 일제 계엄령에서 합위지경은 외국과의 전쟁이나 무장소요가 발생하는 등 중대한 위험이 생긴 경우에 공포되는 것으로서 합위지경 계엄을 선포한 예가 없었다. 三浦惠一, 『戒嚴令詳論』, 松山房, 1932, 8·15쪽.

48) 곧 "현재 전라남북도 일원에는 임전지구 계엄령이 시행되고 있어 해당지구의 사법 급 행정사무 일반은 호남방면군 사령관이 독할"하고 있다고 소개하였다. 『동광신문』 1948.11.5.

49) 당시 계엄지구 총사령관은 군사와 관계있는 일체의 행정사무와 사법사무를 장악하는 것으로 보도되었다. 『동광신문』 1948.11.5.

정부의 법률 제정과 해석의 주무부처인 법무부 장관 이인은 여순사건에서 계엄령을 선포한 것에 대해, "계엄법에 의해서 계엄령은 합위지대(合圍地帶)와 입지지대(立地地帶)"로 되어 있으며, 계엄사령관이 행정권이나 사법권을 정지시키거나 귀속시키는 것은 아니라고 말했다.[50] 일제 계엄령의 내용과도 맞지 않을 뿐만 아니라 계엄 자체를 다르게 이해하고 있었던 것이다.

여순사건과 제주 4·3사건에 적용된 계엄령은 법적 요건과 절차에서 많은 문제점을 안고 있다. 여순사건 계엄령의 경우, 정부가 대통령령 13호로 공포한 공문에서 계엄지구만을 지정하고 계엄사령관을 공식 임명하지 않았다. 따라서 대통령으로부터 계엄권한을 위임받은 계엄사령관이 임명되지 않은 상태에서 토벌작전을 지휘하는 호남방면 사령관 원용덕이 계엄사령관 역할을 하였다. 원용덕은 1948년 11월 5일 발표한 포고문에서, "전라남북도는 계엄지구이므로 사법 급 행정 일반은 본 호남방면 군사령관이 독할(督轄)"한다고 선언했다.[51] 계엄사령관은 군사령관과는 다른 별도의 보직이다. 계엄령은 대통령으로부터 권한을 위임받은 계엄사령관의 명령(포고)에 의해서만 시행될 수 있었다. 정부는 이러한 문제점을 알고 있었기 때문에 1948년 11월 17일 제주지역에 계엄령을 선포할 때에는 계엄사령관을 임명하였다.[52]

또한 여순사건 계엄령에서는 계엄실시 지역도 특정되지 않았고, 해당 지역 군사 책임자가 자의적으로 적용하거나 확대하는 문제점을 안고 있었다. 정부가 처음에 공포한 여순사건 계엄령의 시행지역은 여수군과 순천군이었다. 그러나 여순사건 계엄 실시지역은 11월 1일부터 남원지구,

---

50) 「황두연 의원 신변에 관한 질문」, 국회사무처, 『제1회 국회속기록』 제94호 (1948.11.2), 184~190쪽, 204~205쪽.
51) 「원용덕 호남방면 사령관, 계엄지구에 포고문을 발표」, 『동광신문』 1948.11.5.
52) 대통령령 제31호, 「제주도지구 계엄선포에 관한 건」(1948.11.17), 『대한민국관보』 제14호.

목포지구를 비롯하여 전남북 일원으로 확대되었다. 이는 이른바 "민심을 수습하기 위한 미연방지책" 차원에서 여수 순천의 "반란지역에 국한되었던 계엄령을 다시 확대"한 것이었다.[53] 당시 호남방면 사령관 원용덕도 11월 5일 발표한 포고문에서 계엄지구가 전라남북도임을 밝혔다.[54] 정부는 계엄지역을 전남북 지역으로 확대 적용하는 과정에서 대통령령으로 계엄지역을 변경하는 절차도 거치지 않았다. 이러한 문제점 때문에 조영규 의원은 "여수 순천만이 계엄지구가 아니"며, "현재 계엄지구는 상당한 광범위"하다고 지적하였다.[55]

특히 계엄령 실시지역에서 문제가 된 것은 일반 민간인에 대한 구금과 조사, 그리고 즉결처분이나 군법회의 재판 회부 문제였다. 당시 계엄당국은 민사지도부, 민사처, 민정실 등을 설치하고 민간인을 연행·구금하고 조사했으며[56], 한편으로 처단하거나 군법회의 재판에 회부하였다.[57] 윤치영 내무부장관도 계엄실시 지역인 여수와 순천에서는 재판이나 구금장이 필요 없으며, "범죄사실이 있다고 하면 그 자리에서 처단"이며, 어떤 이의나 항의도 제기할 수 없다고 주장하였다.[58] 호남방면 사령관 원용덕은 포고문에서, 포고사항을 "위반하는 자는 군율에 의하여 총살에 즉결"한다고 공포하였다.[59] 계엄지역이나 작전지구가 아닌 지역에서도

53) 「전라남북도 일원에 계엄령 선포」, 『자유신문』 1948.11.13; 『평화일보』 1948.11.3; 「목포해군기지 사령관, 전라남도 목포지구 계엄령 전면 해제」, 『서울신문』 1949.2.11.
54) 「원용덕 호남방면 사령관, 계엄지구에 포고문을 발표」, 『동광신문』 1948.11.5.
55) 「반란지구 선무공작위원 파견의 건」, 국회사무처, 『제1회 국회속기록』 제120호(1948.12.3), 347~350쪽.
56) 「반란지구 현지조사 보고」, 국회사무처, 『제1회 국회속기록』 제94호(1948.11.2), 174~181쪽.
57) 「국무위원 및 공보처장 출석 요청의 건」, 국회사무처, 『제1회 국회속기록』 제93호(1948.11.1), 164~165쪽; 「시국정책에 관한 결의안」, 국회사무처, 『제1회 국회속기록』 제96호(1948.11.5), 219~222쪽.
58) 「반란사건에 관한 건 및 시국대책위원회 구성에 관한 건」, 국회사무처, 『제1회 국회속기록』 제92호(1948.10.30), 132쪽.

이른바 "반도 혹은 폭도"를 "임의로 즉결처분"한 사건이 발생하여 이를
금지하는 담화도 발표되었다.[60] 특히 지리산 지구에서는 전투지구내 일
반 관민의 통행제한을 실시하는 포고문을 발표하고, 각 거주지구에서
100m를 이탈하는 사람은 "적 또는 이적 행위자로 간주하고 무조건 사살"
한다고 공포하였다.[61] 제주지역에서도 계엄사령관인 9연대장 송요찬은
포고를 통해, 해안선부터 5km 이외의 지대에 대해 통행금지를 포고하고,
이를 위반하는 사람은 "이유 여하를 불문하고 폭도배로 인정하여 총살"
한다고 발표했다.[62]

　이러한 계엄당국의 조치는 계엄법이 없는 상태에서 법적 근거 없이 이
루어진 행정명령에 지나지 않았지만, 이를 통제할 제도적 장치는 없었
다. 계엄령 실시지역의 사령관들은 군의 명령을 위반하면 사살하거나 총
살한다는 포고를 발표했지만, 이를 뒷받침하는 법령은 존재하지 않았다.
정부와 군, 계엄당국은 전통적인 일제 계엄령 관행과 문화에 의존하여
계엄업무를 수행하였다. 자연히 여순사건과 제주 4·3사건에서 계엄법
이나 관련 규정이 없었기 때문에 민간인 처리문제를 비롯한 계엄업무가
해당 지역 계엄사령관의 일방적 결정에 맡겨져 있었다. 당시 계엄사령관
의 일반 민간인에 대한 사법권은 명확한 법적 근거나 규정이 없었다. 법
무부 장관 이인은 계엄법이 제정되지 않았기 때문에 계엄지역 사령관이
행정권이나 일반 사법권을 "자기 손에 귀속"시키는 것이 아니라고 밝혔
다.[63] 이에 비해 계엄사령관 원용덕은 계엄지구인 전라남북도에서 사법
및 행정 일반은 자신이 독할(督轄)한다고 포고하였다.[64] 이러한 문제점

59) 「원용덕 호남방면 사령관, 계엄지구에 포고문을 발표」, 『동광신문』 1948. 11. 5.
60) 「호남지구 헌병사령관, 비작전지구에서 즉결 처분을 금지하는 담화를 발표」,
　　『한성일보』 1949. 1. 12.
61) 「지리산전투지구에 일반인의 통행을 제한」, 『자유신문』 1949. 12. 30.
62) 『한성일보』 1948. 10. 20.
63) 「황두연 의원 신변에 관한 질문」, 국회사무처, 『제1회 국회속기록』 제94호
　　(1948. 11. 2), 204~205쪽.

때문에 김병회 의원은 계엄의 시기, 구역과 범위, 효력에 대해서만 아니라 계엄지역 내에서 "양민이라도 잡아다가 총살해도 좋을 것인가 좌우간 한계를 분명히 세워야"한다고 주장하였다.[65]

전체적으로 여순사건과 제주 4·3사건에서 계엄의 최대 목적은 군사작전의 효율성을 극대화하는데 있었기 때문에 계엄의 법적 요건과 한계는 거의 논란이 되지 않았다. 국방부 장관 이범석은 처음부터 "여수 순천 지구에 대통령령으로 사건을 용이(容易)하게 처리하기 위해서 계엄령을 발포"하였으며, "사건처리는 군부에서 하도록 하고 군경의 지휘를 군에서 행사"하게 했다고 밝혔다.[66] 정일권 육군 참모장도 "금번 계엄령 실시는 작전확대를 의미한 것이 아니라 사후 처리를 적절히 하기 위함"이라고 주장하였다.[67] 제주도 주둔 제2연대장은 계엄령의 야간통행 금지와 이동 제한이 게릴라 토벌에 유리하다고 주장하면서 계엄령을 지속해야한다고 강조했다.[68] 정부 입장에서 계엄은 "당초부터 사태를 수습하기에 물론 시간을 단축시키며 강력하게 빠른 시간 안에 용이하게 진압"하는데 필요한 조치였다. 특히 군사행정에서 "평시 법률"과 달리, 이른바 "극도의 악질분자를 철저하게 처리"하기 위해서 "계엄령이 대단히 필요하며 또 효과적"이었다.[69]

이와 같이 계엄령 실시에 따른 군사작전의 효율성만이 주로 강조되는 가운데 국민의 기본권이나 인권침해 문제는 크게 고려되지 않았다. 식민

---

64) 「원용덕 호남방면 사령관, 계엄지구에 포고문을 발표」, 『동광신문』 1948.11.5.
65) 「황두연 의원 신변에 관한 질문」, 국회사무처, 『제1회 국회속기록』 제94호 (1948.11.2), 204~205쪽.
66) 「반란사건에 관한 보고」, 국회사무처, 『제1회 국회속기록』 제90호(1948.10.28), 68~73쪽.
67) 「정일권 육군참모총장, 여수여자중학교 교장이 여순사건 주동자라고 발표」, 『세계일보』 1948.10.27.
68) HQ USAFIK, *G-2 Periodic Report*, No. 1029, 1949.1.5.
69) 「국내 교란사건 보고, 단기 4281년 4월 이강」, 국회사무처, 『제1회 국회속기록』 제124호(1948.12.8), 371~376쪽.

지배의 결과이지만, 일제 계엄령 제도나 문화가 익숙한 조건에서 계엄령
이 헌법에서 보장된 국민의 기본권과 생명권을 침해할 수 있는 위험성에
대해서는 적극적인 문제제기가 이루어지지 못했다. 제헌국회의원들도
계엄법 없는 계엄령 공포의 위법성을 지적했지만, 계엄 그 자체를 부정
하지 않았다. 서용길 의원은 비록 계엄령은 국가최악의 경우에 발동되는
것이지만, "계엄이 군략(軍略)상 부득이 일부지역에 계엄령을 선포하지
아니치 못하는 부득이한 사정이 있다고 하면 물론 우리가 그것을 용허
(容許)"해야 한다고 주장했다.70) 김옥주 의원은 비록 흑백을 가려 억울한
사람은 구제해야 한다는 점을 전제하면서도, "계엄령 하에 있는 일반 행
정과 사법은 군사령관이 가지기 때문에 거기에 간섭할 필요가 없고 우리
도 간섭하면 아니 될 줄" 안다는 입장이었다.71)

2. 일제 계엄령 모방과 계엄법 초안의 내용

1) 일제 계엄령 모방으로서 국방부 계엄법 초안

정부가 여순사건을 계기로 계엄법이 제정되지 않은 상황에서 계엄을
선포하자, 국회에서도 계엄령의 법적 정당성을 둘러싸고 커다란 논란이
일어났다.72) 이러한 상황에서 당시 계엄령 주무부처인 국방부(군무국)에
서는 1948년 12월 4일 계엄법 초안을 기초 작성하여 국회에 제출하였고,

---

70) 「반란지구 선무공작위원 파견의 건」, 국회사무처, 『제1회 국회속기록』 제120
호(1948.12.3), 347~350쪽.
71) 「시국정책에 관한 결의안」, 국회사무처, 『제1회 국회속기록』 제96호(1948.11.5),
219~222쪽.
72) 국회사무처, 『제1회 국회속기록』 제92호(1948.10.30), 706~707쪽; 제94호
(1948.11.2), 756~757쪽.

이는 외무국방위원회에 회부되었다.[73] 이제 계엄법은 국회에서 본격적인 입법화 과정을 밟게 되었다.

국방부가 제출한 계엄법 초안은 시기적·내용적 측면에서 볼 때, 한국 계엄법 제정의 역사에서 제1차 초안에 해당하며, 국방부안으로 명명할 수 있다. 계엄법 1차 초안, 곧 국방부가 제출한 계엄법 초안의 원문이 현재 남아있지 않지만, 신문에 소개된 주요 내용은 다음과 같다. 첫째 계엄법 정의에서 계엄법은 '전시 또는 사변에 있어서 병비(兵備)로써 전국 또는 일(一) 지방을 경계하는 법'으로 규정하였다. 둘째, 계엄의 종류 또는 실시지역은 임전지역과 비상지역의 둘로 나누었다. 셋째 계엄의 선포권한에서 대통령이 계엄을 선포한 후 국회에 보고하며[74], 임시 계엄은 별항에 규정된 최고사령관이 선고할 수 있게 되었다. 넷째 계엄사령관의 권한과 관련, 계엄령이 포고 또는 선고된 지역에서 군사에 관계있는 행정과 사법 사무는 최고사령관에게 관장(管掌)의 권한을 일임하는 것으로 규정하였다.[75]

국방부 계엄법 초안은 비록 전체 원문을 확인하기 어렵지만, 법 체제와 구조, 개념에서 1882년 일제가 제정 공포한 계엄령과 대체로 동일하다. 먼저 국방부 초안의 계엄법 정의는 일제 계엄령 제1조와 같은 내용으로 정리되었다. 또한 계엄의 종류는 일제 계엄령 제2조에서는 임전지경과 합위지경으로 구분하였으나, 국방부 초안은 임전지역과 비상지역으로 나누었다. 최고 사령관이 임시 계엄을 선고하거나(일제 계엄령 제

---

73) 『민주일보』 1948.12.4.
74) 국방부가 1948년 12월 4일 국회에 제출한 계엄법 초안 원문은 현재 남아 있지 않지만, 당시 신문에서는 대통령의 계엄선포 및 사후조치와 관련하여, "대통령이 이를 보고하되…."로 보도하고 있다. 이러한 사실을 볼 때, 국방부 계엄법 초안은 대통령이 계엄을 선포한 후에 이를 국회에 보고하는 내용으로 작성된 것으로 생각된다.
75) 『민주일보』 1948.12.4.

4조), 계엄사령관이 계엄지역 내의 군사에 관계있는 행정과 사법 사무를 관장(일제 계엄령 제9~10조)하게 한 조항도 일제 계엄령을 모방한 것이었다.[76]

물론 부분적으로 국방부 초안이 일제 계엄령과 다른 점은 있다. 먼저 계엄의 종류에서 일제 계엄령과 달리, 계엄지역을 임전(臨戰)지역과 비상지역으로 구분하였다. 또 계엄의 선포권자나 절차에서 대통령이 계엄을 선포한 후 국회에 보고하도록 한 조항도 일제 천황제 국가와 다르게 대통령 중심제 정부의 정치구조를 고려한 것이었다. 일제 계엄령은 천황의 존재를 전제로 한 군국주의적 성격을 지니고 있었다.[77] 일제 계엄령은 이른바 천황의 대권으로서 군대 지휘관에게 행정사법을 관장하게 하고, 헌법이 정한 신민의 자유권을 정지시킬 권한을 부여하는 행위였다. 이러한 천황의 계엄대권은 명치헌법 제14조에 의해 법률에 준하는 지위를 갖게 되었다.[78] 이러한 점에서 국방부 계엄법 초안이 제헌헌법에 따른 근대 국민국가의 정치체제를 반영한 측면이 있지만, 법 체제나 구조에서 일제 계엄령을 탈피하는 수준은 아니었다.

정부 수립 후 처음으로 국회에 제출된 국방부 계엄법 초안이 일제 계엄령을 모방한 배경은 준비부족도 있겠지만, 무엇보다 일제 계엄령 제도에 익숙했던 정치문화에 있다. 제헌헌법 제정과정에서 각국 헌법에 규정된 계엄령 관련 조항도 주로 대통령 권한 차원에서 검토되었고, 독자적인 계엄법의 입법화로 발전하지 못하였다. 여순사건 이전에 계엄법 입법의 필요성이 현실적으로 대두하지 않았다. 정부와 군 입장에서는 여순사건을 계기로 국내 반란세력을 효율적으로 진압하는 대응전략으로서 계

---

76) 「계엄령」, 조선총독부 편찬, 앞의 책, 7~8쪽.
77) 이에 대해서는 김창록, 앞의 논문, 483쪽 참조.
78) 日高巳雄, 『戒嚴令解說』, 良榮堂, 1942, 10~11쪽; 大江志乃夫, 『戒嚴令』, 岩波書店, 1978, 69~70쪽.

엄령이 요구되었으나, 이에 대한 다각적인 접근이 이루어지지 않았다. 이러한 상황에서 정부와 군 당국은 일제 계엄령에 의존했으며, 계엄령 제도에 대한 이해 수준도 일제 계엄령을 벗어나지 못하였다. 일제 계엄령은 일본 군대에 복무한 군 출신들에게 익숙했으며, 특히 성문법 형태의 법 체제로 구성되어 있어 모방하거나 수용하기에 적합하였다.

정부나 군 당국만이 아니라 사회 일반의 계엄령에 대한 인식 수준도 일제 계엄령에 근거하고 있었다. 이러한 사실은 정부가 여순사건을 계기로 계엄령을 발포한 직후,『동광신문』에 실린 계엄령 소개기사에서도 확인된다.[79] 여순사건과 제주 4·3사건에서 계엄령이 공포되었지만, 당시 정부는 국민들에게 계엄령의 내용을 발표하지 않았다.『동광신문』의 기사는 여순사건에서 계엄령이 선포된 직후에 "계엄령에 대한 일반의 정확한 인식을 촉진"하기 위해 "계엄령의 대요를 적기(摘記)"한 유일한 자료로서 당시 계엄령에 대한 이해수준을 파악하는데 매우 중요하다.

이 기사는 계엄의 정의, 계엄의 종류, 임전지경의 조건, 합위지경의 조건, 임시계엄의 시행조건, 계엄선고 권한을 가진 지휘관, 임전지경과 합위지경에서 계엄사령관의 관장권한, 계엄지경 내 사령관의 집행권한 등을 소개하고 있다.[80] 이러한 내용은 전체적으로 일제가 1882년 공포한 계엄령을 정리한 것이며, 다만, 합위지경 내에서 처벌하는 범죄의 종류, 군사재판의 범위, 계엄 해제 후의 업무 복귀 등은 제외되어 있다.[81] 국방부 초안이 일제 계엄령을 모방하여 제출된 것도 이처럼 당시 일반화되어 있던 일제 계엄령에 대한 사회의 인식을 반영한다.

국방부가 주도하여 계엄법 초안을 작성하고 국회에 입법을 제안한 것은 당시 제주 4·3사건, 여순사건을 거치면서 계엄령을 실시한 주무 부

79)『동광신문』1948.11.9.
80)「계엄령이란 무엇인가?」『동광신문』1948.11.9.
81) 위와 같음;「계엄령」, 조선총독부 편찬, 앞의 책, 7~8쪽 참조.

서였기 때문이다. 국방부나 군 당국은 주로 군사작전의 필요성 때문에 계엄령 실시를 선호하였고, 여순사건과 4·3사건에서 일제 계엄령을 실제 적용해 본 경험, 일종의 선행학습의 경험을 갖고 있었다. 특히 당시 국방부나 군 당국에는 일제 계엄령을 잘 알고 있는 일본군 출신 간부들이 많았기 때문에 일제 계엄령 체제를 모방하여 계엄법 초안을 작성하는 데 큰 어려움이 없었던 것으로 보인다. 국방부의 계엄법 초안은 외무국방위원회에 회부되어 심의되었지만, 건국 초기 다른 법안의 심의에 밀려 진척되지 못하고 폐기되었다.

2) 외무국방위원회의 계엄법 초안과 내용

1949년 6월 23일 지대형 의원 외 14명의 이름으로 계엄법안이 다시 국회에 제출되었고, 이는 7월 2일에 열린 제4회 임시회 제1차 회의에서 보고되어 외무국방위원회에 회부되었으며, 7월 9일 국회 임시회의에 상정되었다.[82] 이때의 법안은 제2차 계엄법 초안으로서 지대형의원안 또는 외무국방위원회안으로 명명할 수 있다. 지대형 의원 등이 제출한 외무국방위원회 초안은 1948년 12월의 국방부 초안과 동일한 것으로 추정된다. 지대형 의원은 기존 국방부 초안을 기초로 다시 계엄법 초안을 작성하여 1949년 6월 국회에 제출한 것으로 여겨진다.

먼저 시기적·형식적인 측면에서 국방부는 1948년 11월 16일에 병역법, 1948년 12월에 계엄법 초안을 국회에 제출하였는데, 이 때 국군운수항역군사보위법, 징발법, 군기보호법 등을 함께 제출하였다.[83] 곧 국방부 당국은 1948년 11월 16일 병역법을 비롯하여 징발법 등 6개 법안에 대

---

82) 국회사무처, 『제4회 국회임시회의속기록』 제1호(1949.7.2), 5쪽; 『국도신문』 1949.7.12.
83) 『민주일보』 1948.12.4.

한 기초를 완료하고 법제처와 국회 국방분과위원회로 회부하기로 하였
는데[84], 이들 6개 법안에는 계엄법 초안도 포함되어 있던 것으로 추정된
다. 이들 군사관련 법안은 국회 일정에 밀려 처리되지 못하고 다음 회기
로 미루어졌다.

  결국 지대형 의원 등은 1948년 12월 군사관련 법안과 함께 국회에 제
출하였으나 처리하지 못한 계엄법안을 1949년 6월에 다시 제출한 것으로
보인다. 지대형 의원 등은 1949년 7월 9일에 계엄법과 함께 병역법, 군기
보호법 등 군사관련 법안을 국회에 제출하고 긴급 상정을 요청하는 동의
보고를 하였다.[85] 지대형 의원은 당시 외무국방위원장으로서 여순사건
직후에는 "시국수습대책연합위원회"의 연석위원으로 활동하면서 1949년
1월 27일 국회 본회의 결의로서 "반란지구 수습에 관한 건의안"을 작성하
는 등 사건 수습에 주도적인 역할을 하였다.[86]

  지대형 의원이나 외무국방위원회에서 1949년 6월이라는 시점에 다시
계엄법안을 제출한 것은 물론 제주 4·3사건과 여순사건을 거치면서 계
엄입법의 필요성이 증대된 배경도 작용하였지만, 한편으로 미군철수에
따라 국내외 정치상황에 대응하는 "방위강화책"의 일환이었다. 국회 외
무국방위원회는 1949년 6월 29일 "대한민국의 군비(軍備)에 있어 완벽"을
도모한다는 입장 아래, 계엄법안을 비롯하여 병역법, 군기보호법, 방어
해면법(防禦海面法), 해군기지법 등 5개 법안의 기초를 완료하고 국회에
제출하였다. 이들 가운데, 계엄법을 비롯한 3개 법안은 국회 본회의 상
정이 예정되어 있었다. 국회 입장에서 이들 법안은 "현하 초비상적인 국
방실정"에 비추어 "국방체제의 완비"를 위해 조속한 상정과 입법이 필요
한 법안이었다.[87]

---

84) 『영남일보』 1948.11.17.
85) 『경향신문』 1949.7.10.
86) 『한성일보』 1949.1.19; 『서울신문』 1949.1.29.

지대형 의원 등이 1949년 6월 국회에 제출한 계엄법 초안(지대형 의원
안)이나 외무국방위원회안은 내용적인 측면에서 1948년 12월의 국방부
초안과 차별성이 없는 것으로 보인다. 외무국방위원회안도 기본적으로
지대형 의원 등이 제출한 계엄법안을 토대한 작성한 것으로 보인다. 비
록 외무국방위원회가 지대형의원안을 검토하고 심의를 거쳤겠지만, 계
엄법안의 기본체제나 구조, 성격에서 커다란 변화는 일어나지 않았다.
따라서 ① 국방부는 1948년 12월의 계엄법 초안을 국회에 제출하였고(국
방부안=제1차 계엄법안), ② 지대형 의원 등이 1949년 6월 계엄법 초안을
국회에 제출하여 외무국방위원회에 회부되었고, 외무국방위원회는 이를
검토 심의하여 법안을 작성(지대형안=외무국방위원회안=제2차 계엄법
안)하였다.

외무국방위원회 계엄법안은 5장 20조로 구성되었는데, 중요 내용은 다
음과 같다.[88] 첫째, 계엄법 정의에서, 계엄법은 전시 또는 사변의 경우에
병비로써 전국 또는 한 지방을 경계하는 법으로 규정하였다. 둘째 계엄
의 지역은 임전지역(臨戰地域)과 비상지역의 두 종류로 구분하였다. 셋
째 계엄선포의 권한과 관련하여, 계엄은 대통령이 포고하되 임기계엄(臨
機戒嚴)은 특명의 사령관·군사령관·사단장·요새사령관·함대사령관
등이 선고할 수 있도록 하였다.[89] 넷째 계엄선포 조건과 관련하여, 임기
계엄은 평시는 폭도 또는 토구(土寇)를 진정하고, 전시는 둔영(屯營)·요

---

87) 『동아일보』 1949.6.30; 『경향신문』 1949.7.13.
88) 「국회 외무국방위원회, 계엄법 초안을 국회에 제출」, 『국도신문』 1949.7.12.
89) 외무국방위원회 계엄법안 제4조에서는 계엄령은 대통령이 포고하며, 임기계
엄은 제5조에 규정한 최고사령관이 선고할 수 있도록 규정하였다. 제5조에서
규정한 임기계엄을 선고할 권한을 가진 최고사령관은 1) 특명의 사령관, 2) 군사
령관, 3) 사단장, 4) 병단장, 5) 요새사령관, 6) 위수사령관인 독립여단장, 7) 함
대사령장관, 8) 함대사령관, 9) 통제부 사령장관, 10) 경비부 사령관, 11) 전 각
항의 제관(諸官)과 동등 이상의 권한이 있는 군대 지휘관 등이었다. 『경향신
문』 1949.7.13.

새 등 중요 군사시설이나 지역이 적의 포위 공격을 받거나 비상 사변이 있을 때 선포할 수 있게 하였다. 다섯째, 계엄사령관의 권한, 조치와 관련하여 계엄지구에서 집회 · 결사의 정지와 신문 · 잡지 · 광고 등의 취체, 우편 · 전화의 검열, 억류나 몰수, 비상지역 내에 기숙하는 사람에 대한 퇴거명령, 작전상 경우에 동산 · 부동산의 파괴나 훼소(毁燒), 군수에 필요한 식량 · 물품의 조사와 반출 금지 등을 집행할 권한을 부여하였다. 여섯째, 계엄지역 사령관의 행정권 · 사법권 관장과 관련하여, 임전지역에서는 군사에 관계있는 지방행정 및 사법사무, 비상지역에서는 모든 지방행정 및 사법사무를 관장하는 권한을 일임하였다. 일곱째, 비상계엄하 군사재판의 관할권에 대해서는, 군사에 관한 민사 및 내란죄 · 외환죄 · 공공을 위험케 하는 죄, 구타 살상과 기타 자유를 방해하는 죄, 협박 · 공갈의 죄, 방화죄 등은 모두 군사기관에서 재판하며, 이 재판에 대해서는 공소 또는 상고를 할 수 없도록 하였다. 여덟째, 계엄의 해제와 관련하여 계엄해제의 포고 또는 선고가 있는 날로부터 모든 지방행정 사무와 사법사무는 평상의 상태로 회복하도록 하였다.

현재 외무국방위원회안(2차 계엄법 초안)의 원안은 남아있지 않지만, 당시 신문에 소개된 내용이 상당히 구체적이기 때문에 법 체제와 성격을 파악하는데 큰 어려움이 없다. 외무국방위원회안은 기존 국방부 초안보다 더욱 상세하고 체계화되었다. 전체 5장 20조로 구성되었으며, 내용에서도 계엄에 대한 정의, 종류, 지역구분, 계엄의 효력, 계엄사령관 권한, 작전시 재산 파괴 등 일반적으로 계엄에 필요한 내용들이 대부분 망라되었다. 계엄법안의 내용적 수준에서 볼 때, 외무국방위원회안은 1차 계엄법안(국방부안)과 차이가 크게 없으며, 법 체제나 구조, 개념사용에서 거의 동일하다. 특히 계엄법의 정의, 계엄지역의 구분, 계엄선포권자, 계엄의 효력 등에서 1차 계엄법안(국방부안)과 거의 같다. 외무국방위원회안이 1차 계엄법안(국방부안)과 다른 점은 계엄의 종류나 실시지역 구분,

그리고 계엄지역에서 행정권·사법권 관장, 비상계엄하 군사재판 관할권, 계엄 해제 후의 업무복귀 등의 조항이 추가된 점이지만, 이러한 내용도 일제 계엄령에 근거한 것이었다. 이는 결국 외무국방위원회안이 제1차 법안, 곧 1948년 12월의 국방부 초안을 토대로 작성되었으며, 기본적으로는 일제 계엄령 체제와 구조, 내용을 모방하고 있음을 의미한다.

좀 더 구체적으로 보면, ① 계엄법의 정의(일제 계엄령 제1조), ② 계엄지역의 종류(일제 계엄령 제2조에서는 임전지경과 합위지경으로 구분), ③ 계엄선포 권한(일제 계엄령 4~6조에서는 전시에 지역사령관이 임시계엄을 선포할 수 있는 권한을 부여), ④ 계엄선포 조건(일제 계엄령 4~5조와 흡사), ⑤ 계엄사령관의 집행권한(일제 계엄령 제14조와 흡사), ⑥ 계엄실시 지역의 행정 및 사법사무 관장권(일제 계엄령 9~10조), ⑦ 비상계엄하 군사재판 관할권(일제 계엄령 제11조 및 제13조), ⑧ 계엄해제 후의 업무복귀(일제 계엄령 제15~16조) 등은 일제 계엄령을 모방하여 조문한 것이었다.[90]

따라서 외무국방위원회안은 계엄법 정의, 계엄종류, 계엄 임시선포, 계엄선포권자의 자격, 계엄효력, 계엄사령관의 권한, 계엄시 군사재판 범위, 계엄해제 등 법 체제나 구조, 내용에 관계된 중요 조항은 모두 일제 계엄령을 모방했음을 알 수 있다. 실제로 2차 계엄법 초안은 일제 계엄령의 내용을 거의 순서대로 번역한 수준이었다. 결국 제1차 계엄법안이나 2차 계엄법안은 일제 계엄령 체제와 내용을 모방하여 작성되었음을 알 수 있다.

---

90) 「계엄령」, 조선총독부 편찬, 앞의 책, 7~8쪽 참조.

3. 법제사법위원회의 대안과 계엄법안의 차별화

1) 법제사법위원회의 계엄법 대안 제출

1949년 6월 23일 지대형 의원 외 14명은 계엄법 초안을 국회에 제출하였고, 이는 7월 2일 외무국방위원회에 회부[91]되었다. 외무국방위원회(위원장 지대형 의원)는 1949년 7월 9일 계엄법의 초안 작성을 완료하고 동법안을 국회에 제출하였다.[92] 외무국방위원장 지대형 의원은 7월 9일 계엄법안에 대한 심사보고를 했으며, 같은 날 지대형 의원 외 12명은 계엄법 등의 신속상정을 요망하는 긴급동의안으로 「군사법안 신속 상정의 건」을 제출하였다.[93] 이에 따라 1949년 7월 14일 제4회 국회임시회 제10차 회의, 7월 15일 제11차 회의, 7월 16일 제12차 회의에서는 계엄법안 제1회 독회가 의사일정에 상정되어 있었다.[94] 그러나 외무국방위원회 계엄법안은 다른 의사일정에 밀려 7월 15일 열린 제11차 회의까지 상정되지 못하였다.

이러한 상황에서 1949년 7월 16일에 열린 국회임시회 제12차 회의에서, 외무국방위원회 위원인 윤재욱 의원이 계엄령 법안은 인권 전체에 미치는 영향이 큰 중요한 법안이므로 신중하게 심의할 필요가 있다고 주장하였다. 그는 국회 본회의에서 외무국방위원회 계엄법안을 그대로 독회하는 것보다는 법제사법위원회(법사위)에 회부하여 심의를 거쳐 상정하자고 제안하였다. 외무국방위원회에서도 계엄법안이 법적으로 부족한 점이 있으므로 법사위에 회부하여 심사 보고한 다음에 본회의에서 검토

---

91) 국회사무처, 『제4회 국회임시회의속기록』 제1호(1949.7.2), 5쪽.
92) 국회사무처, 『제4회 국회임시회의속기록』 제6호(1949.7.9), 69~70쪽; 『국도신문』 1949.7.12.
93) 국회사무처, 위의 자료(제6호), 69~70쪽.
94) 국회사무처, 『제4회 국회임시회의속기록』 제10호(1949.7.14), 155쪽; 제11호 (1949.7.15), 177쪽; 제12호(1949.7.16), 195쪽.

하자는 동의를 제출하였다. 결국 이러한 제안이 가결되어 외무국방위원회 계엄법안은 법제사법위원회에 회부하여 심의를 거쳐 본회의에 상정하는 동의안이 채택되었으며, 7월 18일부로 법사위에 회부되었다.[95] 이는 외무국방위원회 계엄법안이 충분한 법적 준비나 검토 없이 졸속으로 상정되었음을 자인하는 것이었다.

외무국방위원회 계엄법안이 법사위에 회부되자, 법안의 조속한 처리를 요구하는 주장이 제기되었다. 1949년 7월 30일 열린 제4회 국회임시회 제23차 회의에서 이정래 의원 외 20명은 "회기연장의 건"에 관한 긴급동의안을 제출한 자리에서, 정부당국은 현재 긴급한 사태가 언제 발생할지 모르는 "비상시 사태"에서 계엄법의 조속한 통과를 요청하고 있다고 밝혔다.[96] 정부와 군 당국은 당시 계엄법 없이 대통령령으로 계엄령이 실시되는 불법상태를 법률적으로 청산하기 위해 계엄법의 조속한 입법화가 필요하였다.

법제사법위원회는 먼저 외무국방위원회로부터 회부된 계엄법 초안, 곧 원안을 놓고 심의하였다.[97] 법사위 입장에서 볼 때, 이 법안은 '1882년(명치 15년) 태정관 포고 제36호로 제정 공포된 일제 계엄령을 그대로 모방'한 것이었다.[98] 이에 법사위에서는 심의과정에서 국방부와 법제처 등의 의견을 수렴하여 종합하고 토의하는 과정을 거쳤다.[99] 법사위는 결국

---

95) 국회사무처,『제4회 국회임시회의속기록』제12호(1949.7.16), 208쪽;『제5회 국회임시회의속기록』제16호(1949.10.8), 313쪽.

96) 국회사무처,『제4회 국회임시회의속기록』제23호(1949.7.30), 401~403쪽.

97) 법제사법위원회는 "외무국방위원회에서 제출한 초안에 의지"하여 심의하고 검토한 한 후에 대안을 제출하였다. 국회사무처,『제5회 국회임시회의속기록』제19호(1949.10.12), 380쪽.

98) 국회사무처, 위의 자료(제19호), 379쪽.

99) 이원홍 의원의 의사진행 발언에 따르면, 법제사법위원회는 외무국방위원회에서 제출한 초안에 의지하여 군부의 각 요인을 맞이하여 약 1주일 이상 처음부터 끝까지 합석하여 양해 아래 대안을 만들었다. 「이원홍 의원 의사진행발언」, 국회사무처, 위의 자료(제19호), 380쪽.

국방부안, 법제처안 등을 종합하고 통일하여 새로운 대안을 만들었고, 그 결과를 국회에 보고하였다.[100] 1949년 10월 5일 법제사법위원회 위원장 백관수는 「계엄법안 심의보고의 건」이라는 보고에서, 본 위원회에서는 회부된 계엄법안을 신중히 심의한 결과, "대안을 제출"하기로 결의하였다고 보고하였다.[101]

법제사법위원회의 계엄법 대안은 1949년 10월 12일에 열린 제5회 국회임시회 제19차 회의에 상정되었다. 이 회의에서 법사위 위원장(백관수)은 계엄법안에 대한 심사보고를 하였다.[102] 법제사법위원회가 국회에 제출한 계엄법안, 곧 대안은 전체 3장 23조로서 제1장 계엄의 선포(제1~8조), 제2장 계엄의 효력(제9~19조), 제3장 계엄해제(제20~23조), 그리고 부칙으로 구성되어 있다.[103] 주요 내용과 골자를 정리하면 다음과 같다.

2) 법제사법위원회 대안의 내용과 구조

(1) 계엄선포의 조건과 종류, 절차

법제사법위원회는 계엄법안 제1조에서 계엄의 정의와 선포권자, 선포조건을 구체화하였다. 곧 대통령은 전시사변 또는 이에 준하는 국가 비상사태 시에 병력으로써 군사상 또는 공공의 안녕 질서를 유지할 필요가 있을 때에는 지역을 구획하여 계엄을 선포하도록 규정하였다.[104] 계엄법

---

100) 국회사무처, 위의 자료(제19호), 379쪽.
101) 국회사무처, 『제5회 국회임시회의속기록』 제16호(1949.10.8), 313쪽.
102) 「법제사법위원회 계엄법안」, 국회사무처, 『제5회 국회임시회의속기록』 제19호(1949.10.12), 379쪽.
103) 백관수 위원장은 1949년 10월 12일에 열린 제5회 국회임시회, 계엄법안 제1회 독회에서 법제사법위원회의 대안을 유인물로 배부하고 낭독했으며, 이 대안은 국회속기록에 기록되었다. 국회사무처, 『제5회 국회임시회의속기록』 제16호(1949.10.8), 313쪽; 제19호(1949.10.12), 380~381쪽.
104) 특히 대통령이 계엄의 선포를 할 때에는 선포의 이유, 종류, 시행 지역, 계엄사령관을 공고하도록 규정하였다. 「법제사법위원회 계엄법안」, 제1장 제1조,

안 제2조에서는 계엄의 종류를 경비계엄과 비상계엄으로 구분하고 각각 정의하였다. 경비계엄은 전시사변 또는 이에 준하는 비상사태로 인하여 질서가 교란된 지역에 선포(제3조), 비상계엄은 전쟁 또는 전쟁에 준하는 사변에서 적의 포위공격으로 사회질서가 극도로 교란된 지역에 선포(제4조)하는 것으로 규정하였다.[105]

계엄법안 제5조에서는 대통령이 비상계엄 선포시에 국회에 통고하는 것을 의무화하였다. 곧 대통령이 비상계엄을 선포 또는 추인하였을 때에는 지체 없이 국회에 통고하며, 국회가 폐회중일 때에는 국회의 개회를 요구하도록 규정하였다.[106] 또한 계엄법안 제6조에서 교통 통신의 두절로 대통령의 계엄선포를 기다릴 여유가 없을 때에는 해당 지방의 관할하는 군사책임자가 임시로 계엄을 선포할 수 있도록 하였다.[107] 다만, 임시로 계엄을 선포한 경우 지체 없이 국방부장관에게 상신하여 대통령의 추인을 받아야 하며, 대통령이 추인하지 않을 때에는 즉시 해제하도록 하였다(제7조).[108]

(2) 계엄의 시행과 계엄사령관의 권한

법제사법위원회 계엄법안 제9조에서는 계엄시행에 대한 지휘감독권을 명시하였다. 곧 계엄사령관은 계엄의 종류와 관계없이 계엄시행에 대

국회사무처, 『제5회 국회임시회의속기록』제19호(1949.10.12), 380쪽.
105) 또한 선포된 계엄은 그 지역 또는 종류를 변경할 수 있도록 하였다(제8조). 「사법위원회 계엄법안」, 제1장 제2~4조, 국회사무처, 『제5회 국회임시회의속기록』제19호(1949.10.12), 380~381쪽.
106) 「법제사법위원회 계엄법안」, 제1장 제5조, 국회사무처, 위의 자료(제19호), 380쪽.
107) 임시 계엄을 선포할 수 있는 군사책임자는 1. 특명의 사령관, 2. 군사령관, 3. 사단장, 4. 병단장, 5. 요새사령관, 6. 위수사령관인 독립단대장, 7. 함대사령장관, 8. 함대사령관, 9. 통제부사령장관, 10. 경비부사령관, 11. 전 각호의 제관과 동등 이상의 권한 있는 군대 지휘관 등으로 규정하였다. 「법제사법위원회 계엄법안」, 제1장 제6조, 국회사무처, 위와 같음.
108) 「법제사법위원회 계엄법안」, 제1장 제7조, 위와 같음.

해 국방부장관의 지휘감독을 받으며, 전국을 계엄지역으로 하는 경우에
는 대통령의 지휘감독을 받도록 하였다.[109] 계엄법안 제10~11조에서는
계엄의 효력과 계엄사령관의 관장권한을 규정하고 있다. 곧 계엄사령관
은 경비계엄의 경우, 계엄지역 내의 군사에 관한 행정사무와 사법사무를
관장하며(제10조), 비상계엄의 경우, 모든 행정사무 및 사법사무를 관장
하도록 하였다(11조).[110]

계엄법안 제13조에서는 비상계엄지역의 계엄사령관은 군사상 필요할
때, 체포·구금·수색·거주이전·언론·출판·집회 또는 단체행동에 관
하여 특별한 조치를 할 수 있는 권한을 부여하였다. 다만, 계엄사령관은
조치 내용을 미리 공고하도록 하였다.[111] 특히 계엄법안 제14조에서는
비상계엄지역에서 계엄사령관은 징용 징발과 군수품의 조사등록과 반출
금지(1항), 작전상 부득이한 경우에 국민의 재산 파괴 및 소화(2항), 발생
한 손해는 비상계엄 해제 후에 보상(2항) 등을 규정하였다.[112]

계엄법안 제16조에서는 비상계엄 실시지역에서 시행하는 군법회의 재
판권의 범위, 곧 재판 관할권을 명시하였다.[113] 군법회의 재판권의 범위
는 내란죄, 외환죄, 공무집행 방해죄, 범인은닉죄, 소요죄, 방화죄, 위증
죄, 무고죄, 간음죄, 살인죄, 상해죄, 절도 또는 강도죄, 그리고 군사상 필

109) 「법제사법위원회 계엄법안」, 제2장 제9조, 국회사무처, 위의 자료(제19호),
      381쪽.
110) 「법제사법위원회 계엄법안」, 제2장 제10~12조, 위와 같음. 특히 경비계엄이
      나 비상계엄이 선포될 경우, 당해 지역내의 행정기관 또는 사법기관은 지체
      없이 계엄사령관의 지휘감독을 받도록 규정하였다(제12조).
111) 「법제사법위원회 계엄법안」, 제2장 제13조, 위와 같음.
112) 「법제사법위원회 계엄법안」, 제2장 제14조, 위와 같음. 이와 함께 제12조, 제
      13조, 제14조 제1항 제2항의 규정에 의하여 취한 계엄사령관의 조치에 응하
      지 아니하거나 이에 배반하는 언론 또는 행동을 한 자는 3년 이하의 징역에
      처하도록 규정하였다(제15조).
113) 다만, 계엄사령관이 당해 관할법원으로 하여금 재판할 수 있도록 하는 단서
      조항도 포함시켜 놓았다. 「법제사법위원회 계엄법안」, 제2장 제16조, 위와
      같음.

요에 의하여 제정한 법령에 규정된 죄[114] 등이었다. 다만, 계엄법안 제18
조에서는 군법회의에서 재판을 받은 자는 상소를 할 수 없도록 규정하였
다.[115] 또한 계엄법안 제19조에서는 군법회의에서 언도한 사형판결의 확
인조치 및 권한을 대통령이 계엄사령관에게 위임할 수 있도록 하였다.[116]

(3) 계엄 해제의 절차와 효과

법제사법위원회는 계엄법안 제20~21조에서 대통령의 계엄해제권, 국
회의 계엄해제 요구권 등을 명시하였다. 먼저 제20조에서는 제3조 또는
제4조에 규정된 사태가 평상상태로 회복된 때에는 대통령은 계엄을 해
제한다고 규정하였다. 또 제21조에서는 국회가 비상계엄의 해제를 요구
할 때 대통령이 이를 해제해야 하는 조항도 포함시켰다.[117]

계엄법안 제22~23조에서는 계엄해제에 따르는 효과를 밝히고 있다.
먼저 제22조에서는 계엄이 해제된 날로부터 모든 행정사무 또는 사법사
무는 평상상태로 복구한다고 규정하였다. 또 제23조에서는 비상계엄 시
행 중에 제16조 및 제17조 규정에 의하여 군법회의에 계속(繫屬) 중인 재
판사건의 관할은 비상계엄 해제와 동시에 일반법원에 속한다고 규정하
였다.[118]

---

114) 특히 제17조에서는 비상계엄지역 내에 법원이 없거나 또는 관할 법원과의 교
　　통이 단절된 경우에는 모든 형사사건의 재판을 군법회의가 수행하도록 규정
　　하였다. 「법제사법위원회 계엄법안」, 제2장 제16조, 위와 같음.
115) 「법제사법위원회 계엄법안」, 제2장 제18조, 위와 같음.
116) 「법제사법위원회 계엄법안」, 제2장 제19조, 위와 같음.
117) 「법제사법위원회 계엄법안」, 제3장 제20~21조, 위와 같음.
118) 다만, 대통령이 필요하다고 인정할 때에는 대통령령에 의해 군법회의의 재판
　　권을 1개월 이내에 한하여 연기할 수 있다는 단서 조항을 첨가하였다. 「법제
　　사법위원회 계엄법안」, 제3장 제22~23조, 위와 같음.

3) 일제 계엄령 탈피와 계엄법안의 차별화

1949년 10월 12일에 열린 제5회 국회 임시회 제19차 회의에서 법제사법위원회 백관수 위원장은 계엄법안에 대한 심사보고를 하였는데,[119] 주요 내용은 다음과 같다. 첫째, 법제사법위원회는 1949년 6월 22일 지대형 의원 외 14명이 제출하여 외무국방위원회에 회부된 계엄법 원안(외무국방위원회안)을 심의하였으며, 둘째 법제사법위원회는 심의과정에서 계엄법 원안이 일본 계엄령을 그대로 모방했으므로 국방부와 법제처의 의견을 종합 통일하여 새로이 대안을 만들었으며, 셋째, 외무국방위원회안, 곧 원안은 일본 계엄령을 모방한 것으로서 법제사법위원회의 대안과 차이가 있다고 밝혔다.

백관수 법제사법위원장은 원안과 대안의 중요한 차이점으로 네 가지를 지적하였다. 첫째, 원안에는 '계엄을 정부로서 직접 계엄한다든지 비상계엄이라든지 두 가지'로 되어 있는데, 대안에서는 경비계엄과 비상계엄 두 가지로 구분했으며, 둘째, 헌법에는 계엄선고는 대통령의 권한이지만, 비상계엄을 포고하면 국민의 대표기관인 국회에 통고해야 한다는 조항을 넣었다고 밝혔다. 곧 대안에서 비상계엄은 국민의 지대한 관심이 있는 사안이므로 국회에 미리 통고해야 하는 점을 고려했다고 말하였다. 셋째, 교통 통신이 두절되어 대통령이 계엄을 선포할 여유가 없을 때에는 해당 지방을 관할하는 군사책임자가 임시로 계엄을 선포할 수 있지만, 이러한 경우에도 지체 없이 국방부장관을 통해서 대통령의 추인을 받아야 한다는 조항을 넣었다고 밝혔다. 넷째, 비상계엄지역 내에서 계엄사령관은 작전상 부득이한 경우에 국민의 재산을 파괴 또는 소화할 수가 있으나 그 손해는 보상해야 한다는 조건을 삽입하였다고 밝혔다.[120]

---

119) 「법제사법위원회 계엄법안」, 국회사무처, 『제5회 국회임시회의속기록』 제19호 (1949.10.12), 379쪽.

　법제사법위원회의 대안은 법 체제와 구조에서 일제 계엄령과 유사한
측면이 있다. 곧 계엄의 종류, 계엄선포권자의 자격, 계엄사령관의 권한,
군법회의 재판권의 범위 등은 일제 계엄령의 조문을 기초로 한 것이었
다. 이러한 측면이 있지만, 법제사법위원회의 대안은 기존에 일제 계엄
령을 모델로 한 외무국방위원회안과는 다른 일정한 차별성을 확보하였
다. 법제사법위원회 백관수 위원장은 원안과 대안 사이에는 "차이가 많
이 있"다고 밝혔다.[121] 그는 국회 계엄법안 독회에서, 기존의 원안, 곧 외
무국방위원회안은 일본의 계엄령을 그대로 모방해서 제출했기 때문에
법제사법위원회에서는 국방부와 법제처 의견 등을 종합하고 통일하여
대안을 만들었다고 강조하였다.[122] 특히 법제사법위원회의 대안은 각국
의 계엄법안을 참조하여 작성되었다. 국방부차관 최용덕은 대안은 '법제
사법위원회에서 여러 날을 토의하고 각국의 모든 것을 현상을 생각해서
나온 것'이라고 지적하였다.[123]

　법제사법위원회의 대안은 일제 계엄령을 모방한 기존의 국방부 초안
(1차 계엄법안)이나 외무국방위원회안(2차 계엄법안)을 일정하게 탈피하
여 내용의 차별성을 확보하였다. 곧 기존의 계엄법안에서 계엄법 정의,
계엄지역과 종류 구분, 계엄사령관의 집행권한, 계엄사령관의 행정권·
사법권 관장, 군사재판의 관할권 등 주요 내용 대부분은 일제 계엄령을
모방한 것이었다. 특히 계엄법안의 주요 개념이나 용어, 문장도 일제 계
엄령의 조문을 모방하였고, 한국 실정에 맞지 않는 내용도 그대로 포함
되었다.[124] 이에 비해 법제사법위원회의 대안은 일제 계엄령을 모방한

---

120) 「법제사법위원회 계엄법안」, 국회사무처, 위의 자료(제19호), 380쪽.
121) 국회사무처, 위의 자료(제19호), 379~380쪽.
122) 국회사무처, 위의 자료(제19호), 379쪽.
123) 「계엄법안 제2회 독회」, 국회사무처, 『제5회 국회임시회의속기록』 제25호
　　(1949.10.27), 494쪽.
124) 예를 들어, 기존 외무국방위원회안을 보면, 계엄선포 조건과 관련된 조항에
　　서 임기계엄은 평시는 폭도 또는 토구(土寇)를 진정하고, 전시는 둔영·요새

기존의 제1, 2차 계엄법안의 체제나 내용을 일정하게 탈피하는 형태로
작성되었다.

법제사법위원회 대안의 중요 특징을 구체적으로 보면, 먼저 계엄법안
제1조에서 계엄선포 요건을 비교적 엄격히 규정, 대통령이 계엄선포시에
선포 이유, 종류, 시행지역, 계엄사령관 등을 공고하도록 함으로써 계엄
령 남발을 방지하고자 하였다. 또 계엄법안 제9조에서 계엄 시행시에 계
엄사령관은 국방부장관, 대통령의 지휘감독을 받도록 하여 정부가 군부
의 자의적인 계엄령 권력을 통제하도록 하였다. 또한 계엄법안 제14조에
서 작전상 발생한 재산파괴나 손해에 대해 보상하도록 규정하여 국민의
재산권을 보호하는 조치를 마련하였다.[125] 또한 계엄법안 제20조에서는
국회의 계엄해제 요구권을 규정하여 대통령의 계엄령 권력을 견제할 수
있는 조항을 신설하였다. 이러한 조항은 기존 계엄법안이나 일제 계엄령
에 포함되지 않은 내용이었다.

법제사법위원회의 계엄법 대안은 전체적으로 일제 천황제 국가의 군
국주의 계엄령 체제를 탈피하여 근대 국민국가의 계엄령 제도를 지향하
는 것이었다. 법제사법위원회의 대안은 계엄법 제정의 역사에서 일제 계
엄령 체제를 일정하게 단절하고 차별성을 확보했다는 점에서 중요한 의
미를 지닌다. 법제사법위원회는 무엇보다 원안, 곧 기존 제2차 계엄법
초안=외무국방위원회안에 대한 단순한 자구수정을 넘어 계엄법 체제와
내용을 수정하고 새로운 대안을 제시했다. 법제사법위원회가 새로운 대
안을 만들면서 기존에 일제 계엄령을 모델로 한 계엄법안은 상당히 수정
되었다. 이러한 점을 고려하면, 법제사법위원회의 계엄법안, 곧 대안은

등 중요 군사시설이나 지역이 적의 포위 공격을 받거나 비상사변이 있을 때
선포하도록 규정하였다. 『국도신문』 1949.7.12.
125) 일제 계엄령 제14조에서는 계엄사령관의 집행권한에 포함되는 사항, 예를 들
어 전황에 따른 동산, 부동산 파괴에 대해서는 손해 배상을 요구할 수 없도
록 규정하였다. 「계엄령」, 조선총독부 편찬, 앞의 책, 7~8쪽.

기존 일제 계엄법을 모델로 한 계엄법 체제를 일정하게 극복하고 한국적 계엄법의 기본 원형을 제시했다는 점에서 중요한 의미를 지닌다. 법제사법위원회 대안은 기존에 일제 계엄령 체제를 답습하던 모방화 단계에서 탈피하여 계엄법의 차별화를 지향하는 단계로 이행하는 과정을 보여주고 있다.

맺음말

해방 후 계엄법안은 내용적 수준에서 크게 3단계 과정을 거쳐 최종 완성되었다. 첫째는 제헌헌법에서 대통령의 계엄선포권 조항이 신설되는 계엄령의 헌법화 단계이다. 이 단계에서는 파시즘 통치문화의 전통이 강한 일부 국가의 헌법 조항을 모방하여 대통령의 계엄선포권을 수용하는 형태로 나타났다. 제헌헌법에서 계엄령은 전쟁이나 국내반란에 대응하기 위한 계엄령 제도 자체의 독자적 필요성보다는 주로 긴급권력·비상권력으로서 대통령의 계엄령 권력을 헌법화하는 수준에서 정리되었다. 이에 비해 근대 국민국가에서 대통령의 계엄령 권력 자체가 갖는 근본적인 정당성이나 필요성의 여부는 제대로 논의되지 못하였다.

둘째는 여순사건과 제주 4·3사건에서 계엄령이 공포, 실시되는 계엄령의 시행화 단계이다. 여순사건과 제주 4·3사건에서 시행된 계엄령은 공포의 형식이나 절차, 계엄령의 구조나 내용에서도 일제 계엄령과 대체로 동일하였다. 정부는 비록 국무회의 의결을 거쳐 대통령령으로 계엄을 공포하는 형식적 절차를 갖추었지만, 계엄법이 없는 상태에서 법적 요건이 결여되어 있었으며, 실제 계엄업무의 내용과 범위는 현지 계엄사령관이나 군 지휘관의 일방적인 결정에 따라 좌우되었다. 여순사건과 제주 4·3사건에서 계엄의 최대 목적은 군사작전의 효율성을 극대화하는 데 있었기 때문에 국민의 기본권과 인권침해 문제는 거의 고려되지 않았다.

셋째는 제헌국회에 계엄법안이 제출되어 논의되는 계엄령의 입법화 단계이다. 제헌국회에서 이루어진 계엄법안 입법화의 첫째 단계는 1948년 12월 국방부 군무국에서 제출한 계엄법 초안이다. 이 계엄법안은 여순사건 직후 정부차원의 계엄령 필요성이 증대되던 시점에 제출되었으나, 법 체제나 구조, 성격에서 일제 계엄령을 모방한 것이었다. 둘째 단계는 1949년 6월 지대형 의원 외 14명의 이름으로 제출한 계엄법 초안이며, 이는 외무국방위원회에 회부되었다. 지대형의원안 또는 외무국방위원회안으로 볼 수 있다. 이 법안은 계엄법 체제나 내용에서 1948년 12월의 국방부 초안과 거의 동일한 것이었다. 셋째 단계는 1949년 10월 법제사법위원회가 기초하여 국회에 제출한 계엄법안, 곧 대안이다. 법제사법위원회는 외무국방위원회로부터 회부된 계엄법 초안을 놓고 심의하는 과정에서 국방부와 법제처 등의 의견을 종합하여 새로운 대안을 만들었다.

법제사법위원회의 대안은 국방부 초안이나 외무국방위원회안으로 대표되는 일제 계엄령을 모방하던 단계에서 벗어나 계엄령 제도의 차별화를 시도한 작업이었다. 제헌국회는 처음에는 일제 계엄령을 모델로 법제정을 논의하였으나, 국회 입법과정에서 점차 일제와는 다른 차별적인 법 체제와 구조, 내용을 지향하게 되었고, 이는 법제사법위원회의 대안으로 나타났다.

제헌국회에서 추진된 계엄법의 입법화·제도화 과정은 한국적 계엄령 제도의 원형과 성격을 보여준다는 점에서 중요한 의미를 갖고 있다. 전체적으로 계엄법안의 입법화는 비록 한계는 있지만, 일제 천황제 국가의 군국주의 계엄령 체제를 탈피하여 근대 국민국가를 전망하는 차원에서 계엄법의 차별화를 시도하는 작업으로 파악된다. 곧 법제적 수준에서 보면, 일제 계엄령을 모방화하는 단계에서 차별화하는 단계로 점차 이행하는 과정으로 볼 수 있다.

제2장

제헌국회의 계엄법 제정의 쟁점과 방향

국민 기본권과 예외권력 사이의 비대칭적 교환

제헌국회의 계엄법 제정의 쟁점과 방향
국민 기본권과 예외권력 사이의 비대칭적 교환

머리말

제헌국회에서 계엄법 입법은 초기부터 여러 차례 시도되었으나, 1949년 10월 국회 법제사법위원회가 계엄법안을 제출하면서 본격 논의되기 시작하였다. 1948년 12월 국방부 군무국은 계엄법 초안을 국회에 제출하였지만, 제대로 논의되지 못하였다. 1949년 6월에는 지대형 의원 외 14명이 다시 계엄법 초안을 제출했으며, 이는 외무국방위원회에 회부되었다. 1949년 10월 국회 법제사법위원회는 외무국방위원회에 회부된 계엄법안을 기초로 새로운 계엄법안, 곧 대안을 작성하고 국회 본회의에 상정하였다. 법제사법위원회는 외무국방위원회로부터 회부된 계엄법 초안, 곧 원안을 놓고 심의하였으나, 국방부와 법제처 의견 등을 종합하고 새로운 대안을 만들었다. 법제사법위원회의 계엄법안, 곧 대안은 기존 일제 계엄령을 모델로 한 계엄법 체제를 일정하게 단절하고 법 체제의 차별성을 확보했다는 점에서 중요한 의미를 지닌다. 제헌국회는 1949년 10월부터 법제사법위원회의 계엄법안을 기초로 토론을 거쳐 계엄법안을 최종 확정하였다.

제헌국회의 계엄법 입법논의와 제정과정은 한국 계엄령의 역사만이 아니라 넓게는 현대 국가수립 과정에서 중요한 의미를 지닌다. 제헌국회는 계엄법안의 심의과정에서 계엄법의 내용과 방향, 성격을 놓고 치열하

게 대립하였다. 제헌국회가 헌법이 아닌 개별 법안을 놓고 오랜 시간 심
의하고 격렬하게 대립한 경우가 많지 않은데, 계엄법안도 그 가운데 하
나였다. 이는 계엄법안 그 자체가 지닌 성격 때문이다. 계엄법은 국가의
위기상황에 대처하려고 비상권력을 제도화하는 비상입법이지만 국가의
성격을 드러내는 법으로서 사회에 미치는 영향이 지대했다. 특히 계엄법
은 계엄법 권력으로서 대통령 권력의 크기와 규모를 상징하는 요소였다.
이러한 이유 때문에 제헌국회에서는 계엄법안의 내용과 방향을 둘러싸
고 첨예한 토론을 벌였는데, 이는 정부당국과 국회의원 사이의 이견과
대립을 표현하는 것이었다.

   제헌국회에서 계엄법 심의가 본격화되던 1949년 10월은 제주 4·3사
건, 여순사건의 영향으로 계엄령 권력의 위험성이 사회적으로 확산되던
시기였다. 정부는 계엄법이 없는 상태에서 이들 사건지역에 계엄령을 선
포하였고, 특히 계엄군의 자의적인 권력행사에 따른 계엄법 권력의 횡포
는 사회적 공포를 자아내고 있었다. 제헌국회의 일부 의원들은 계엄법안
심의과정에서 대통령의 계엄령 권력을 통제하고 제한하는데 역점을 두
었다. 자연히 제헌국회의 계엄법 심의과정에서 국가권력 또는 대통령 권
력의 행사와 통제를 둘러싼 대립구도가 형성되었고, 계엄법은 이러한 조
건 속에서 최종 확정되었다.

   제헌국회의 계엄법안 심의는 정부와 국회의 대립이라는 기본적인 정
치적 지형을 담고 있지만, 한편으로 국민의 생명존중과 인권, 재산권, 그
리고 대의기관으로서 국회의 승인과 같은 다양한 사회적 가치와 의미가
표출되고 논의되는 과정이다. 여기에는 여순사건의 계엄령 경험이 특히
많은 영향을 미쳤다. 비록 한계도 많지만, 제헌국회의 계엄법안 심의에
서 국민의 생명과 기본권을 중시하는 근대적 가치와 의미가 강조되었고,
이는 일제 계엄령과는 다른 한국적 계엄령 제도가 탄생하는 배경이 되었
다.

이 글은 전체적으로 제헌국회 법제사법위원회의 계엄법안 입법화 과정, 곧 심의와 의결과정에서 나타난 주요 쟁점을 분석하려고 한다. 이를 통해 제헌국회의 계엄법, 그리고 한국 계엄령 제도의 특징과 성격을 밝히는데 일조하고자 한다.

1. 법제사법위원회 대안의 심의과정

법제사법위원회의 계엄법안은 1949년 10월 12일에 열린 제5회 국회 임시회 제19차 회의에 상정되었다. 이 회의에서 법제사법위원장(백관수)은 계엄법안에 대한 심사보고를 하였는데,[1] 그는 기존 1949년 6월 22일 지대형 의원 외 14명이 제출하여 외무국방위원회에 회부된 계엄법 원안(지대형 의원안=외무국방위원회안)은 일본 계엄령을 모방한 것으로서 법제사법위원회가 새로이 만든 대안과 차이가 있다고 밝혔다. 여기에서 백관수 법제사법위원장은 이처럼 원안과 대안이 서로 차이가 많다고 주장하면서, 배포한 기존 외무국방위원의 원안과 법제사법위원회의 대안 가운데 어느 안을 놓고 토의할 것인가를 결정해 줄 것을 요청하였다.[2]

백관수는 법제사법위원회에서는 국방부안 또는 법제처안을 종합 토의하고, 국방부와 법제처와 의견도 다 일치가 되었기 때문에 새로 대안을 만들었다고 강조하였다.[3] 특히 당시 법제사법위원회 위원인 이원홍 의원은 의사진행 발언을 통해, 법제사법위원회에서 제출한 대안은 '외무국방위원회에서 제출한 초안에 의지해서 군부의 각 요인을 맞이하여 1주

---

1) 「법제사법위원회 계엄법안」, 국회사무처, 『제5회 국회임시회의속기록』제19호 (1949.10.12), 379쪽.
2) 「법제사법위원회 계엄법안」, 국회사무처, 『제5회 국회임시회의속기록』제19호 (1949.10.12), 379~380쪽.
3) 위와 같음.

일 이상 처음부터 끝까지 합석해서 그들의 양해 아래 만든 대안'이라고
강조하고, 이를 채택해 줄 것을 요청하는 동의를 제안하였다. 결국 이원
홍 의원의 동의가 가결되어 국회는 법제사법위원회 대안을 놓고 계엄법
안 독회를 시작하게 되었다.[4]

　1949년 10월 12일 제5회 국회 임시회 제19차 회의부터 시작된 계엄법
안 제1회 독회는 법제사법위원장 백관수 의원의 낭독에 이어, 국회 부의
장 윤치영 · 김동원의 사회 아래, 국회의원들이 질의하고 국방부차관(최
용덕)과 법제사법위원장(백관수)이 답변하는 형태로 진행되었다.[5] 이어
국회는 1949년 10월 12일 계엄법안 제1회 독회를 마치고, 10월 25일부터
제2회 독회에 들어갔다.

　제1회 독회가 계엄법안에 대한 국회의원들의 질의에 대해, 주로 국방
부차관 최용덕과 법제사법위원장 백관수가 답변하는 형태로 진행되었다
면, 2회 독회는 국회부의장 윤치영 · 김동원의 사회 아래, 법제사법위원
장 백관수가 법안을 1조부터 차례로 낭독하고 축조 심의하는 형태로 진
행되었다.[6] 이 과정에서 국회의원들은 중요쟁점에 대해 의견을 제시했
으며, 이견이 있을 경우 수정안을 제출하여 표결로 처리하였는데, 중요
쟁점은 다음과 같다.

---

4) 「법제사법위원회 계엄법안」, 국회사무처,『제5회 국회임시회의속기록』제19호
　(1949.10.12), 380쪽.
5) 위와 같음.
6) 『계엄법안 제2회 독회』, 국회사무처,『제5회 국회임시회의속기록』제23호
　(1949.10.25), 468쪽.

2. 여순사건의 경험과 국민 기본권 옹호론의 등장

1) 군법회의 재심제와 재판권 보장

국회 법제사법위원회가 처음에 제출한 계엄법안 제18조는 "군법회의
에서 재판을 받은 자는 상소를 행할 수 없다"[7]고 규정하고 있다. 곧 군법
회의 재판은 단심제로 하며 재심을 불허하고 있다. 법제사법위원회가 계
엄법안 제18조에서 제시한 단심제 조항은 일제 계엄령 제13조 "군아(軍
衙)의 재판에 대해서는 공소(控訴)·상고를 할 수 없다"는 조항을 모방·
변용한 것으로 보인다. 당시 여순사건에서 공포된 계엄령과 그에 따른
군법회의 재판의 문제점 때문에 상소와 재심 허용은 국회 심의과정에서
커다란 쟁점이 되었다.

조국현 의원은 계엄법안 제18조에서 군법회의에서 재판을 받은 사람
에게 상소를 불허한 조항은 "계엄상태나 지구가 온갖 모략과 중상, 무고
가 투성이인 점을 비추어 본다면 타당하지 않다"고 말하였다.[8] 그는 만
약 모략·중상·모함을 받아 억울하게 한번 재판을 받은 뒤에 상소할 권
리가 없다면 인권옹호에 많은 문제와 모순점이 있다고 지적하면서 기술
적으로 법문 하나를 삽입했으면 좋겠다고 주장하였다.[9]

이진수 의원도 계엄법안 18조를 언급하면서, "민주국가의 정신을 생각
하여 계엄령지구에서도 인민의 생명을 존중하고 인권을 옹호한다는 의
미에서, 계엄법안 18조에 상소를 허용"할 것을 주장하였다.[10] 그는 또한

---

7) 「법제사법위원회 계엄법안」, 국회사무처, 『제5회 국회임시회의속기록』제19호
   (1949.10.12), 380쪽.
8) 「계엄법안 제1회 독회」, 국회사무처, 『제5회 국회임시회의속기록』제19호
   (1949.10.12), 382쪽.
9) 위와 같음.
10) 「계엄법안 제1회 독회」, 국회사무처, 『제5회 국회임시회의속기록』제19호
    (1949.10.12), 385쪽.

계엄법안 23조에 따라 비상계엄 해제와 함께 군법회의 사건이 일반법원에 이관될 경우에 "상소가 가능하도록 일반 재판제도의 배심제도 혹은 재심제도를 채택할 용의"가 없는지에 대해 질문하였다.[11]

군법회의 재심문제는 제2회 독회 축조심의 과정에서도 다시 논란이 되었으며, 김장렬 의원 외 12명은 군법회의에서 재판을 받은 사람이 불복할 때에는 재심을 요구할 수 있다는 수정안을 제출하였다. 그는 제안 설명에서, "비상시기에 시간은 단축하고 사건은 복잡한 가운데 정당한 판정 양심과는 다른 경우가 있기 때문에 평시와 같이 형사상 억울하다고 생각하는 피소자들에게 상소권, 재심할 수 있는 권한을 인정"해 줄 것을 주장하였다.[12]

조국현 의원도 김장렬 의원의 수정안을 찬성하면서, 만약 재심이 없다면 죄 없는 백성이 억울하게 많이 희생될 것이라고 주장하였다. 그는 여순사건의 예를 들면서, "군법회의가 단심이라고 해서 억울한 사람에게 다시 재심할 기회를 주지 않으면 법치국가로서는 대단히 억울하다고 강조하면서 재심을 한다는 조항을 반드시 넣어야 한다"고 주장하였다.[13] 박해정 의원도 비록 군법회의가 단심제라 하더라도 "법률적용이나 재판이 잘못되었을 경우, 상부 군법회의에서 한번 더 재판하는 재심제도가 필요하다"고 주장하면서 수정안을 지지하였다.[14]

이진수 의원은 비록 국방부차관이 장관에게 결재를 얻을 때에 억울한 사람을 구제할 수가 있다고 말하였지만, "만약 군법회의에서 그릇된 재

11) 위와 같음.
12)「계엄법안 제2회 독회」, 국회사무처, 『제5회 국회임시회의속기록』 제24호 (1949.10.26), 486쪽.
13)「계엄법안 제2회 독회」, 국회사무처, 『제5회 국회임시회의속기록』 제24호 (1949.10.26), 487쪽.
14)「계엄법안 제2회 독회」, 국회사무처, 『제5회 국회임시회의속기록』 제24호 (1949.10.26), 488쪽.

판을 했을 때에는 어데서 구제할 수가 있는가 오판을 할 때에는 어따가 호소합니까. 오판을 할 때에 재심한다는 것이 무엇이 잘못입니까"라고 주장하였다. 그는 그릇된 재판을 했을 때에 다시 재판하자고 주장하면서 김장렬 의원의 수정안을 지지하였다.[15]

이성학 의원도 군법회의가 단심제라는 것은 알고 있지만, "계엄령이 있을 때에는 모든 것이 혼란해서 모든 일을 신속히 처리할 필요가 있고 빨리 사건을 처리하는 데에는 그릇된 일이 많이 있기 때문에 재심이 필요하다"고 주장하였다.[16] 그는 특히 과거 여순사건의 예를 들면서, "현재 국방부 군인들의 연령 수준이 대개 낮고, 심판관의 연령도 대개 27·8세로부터 30세 내외인 상황에서, 혼란된 감정이나 분위기속에서 이성적으로 냉정하게 판단할 수가 없"음으로 재심이 필요하다고 주장하면서 수정안을 찬성하였다.[17]

이러한 군법회의 재심론에 대해, 국방부차관 최용덕은 군법회의는 다른 법률과 같이 모든 증거가 충분해야 재판하므로 모략이 없으며, 다만, "군 법률이라는 것은 다른 것"이라고 답변하였다.[18] 그는 특히 "군법회의는 상소를 못하고 단심제"이며, "계엄령이기 때문에 그런 것이 아니라 군법회의는 언제나 평시에도 그렇게 된 것"이라고 강조하였다.[19] 그는 군법회의는 단심이며, 상소할 수가 없다는 것은 법적으로 특수한 것이 아니라 세계적인 예라고 강조하였다.[20] 나아가 그는 단심을 하더라도 결국

15) 위와 같음.
16) 위와 같음.
17) 위와 같음.
18) 「계엄법안 제1회 독회」, 국회사무처, 『제5회 국회임시회의속기록』 제19호 (1949.10.12), 383쪽.
19) 「계엄법안 제1회 독회」, 국회사무처, 『제5회 국회임시회의속기록』 제19호 (1949.10.12), 385쪽.
20) 「계엄법안 제2회 독회」, 국회사무처, 『제5회 국회임시회의속기록』 제24호 (1949.10.26), 487쪽.

은 최고장관이 결재를 해야 형을 집행하게 되며, 장관이 결정할 때 진정서도 들어오고 여러 가지 변동이 생긴다고 강조하였다. 그는 '육군에는 육군의 총책임자, 해군은 해군의 총참모장 등의 결재가 있고 다시 올라가서 국방장관에게 결재를 얻게 되는 것을 알아야 한다'고 강조하였다.[21]

이러한 국방부의 입장에 대해 조영규 의원은 적극 지지하였다. 조영규 의원은 수정안을 반대하고 법제사법위원회의 원안을 찬성하면서 "군법이라고 하는 것은 원칙적으로 단심이며, 재심하는 예는 없다"고 주장하였다.[22] 그는 계엄지대에서 "군은 계엄령을 세워가지고 긴급한 일을 조속히 처단해야 하는데, 재심제도가 생긴다면 군에서는 조속히 처단하기 위해서 오히려 무기를 할 것을 즉결처분해서 사형한다든지 또는 10년 받을 것을 무기와 같은 극형에 처한다는 그러한 폐단이 있다"고 지적하였다.[23] 그는 또한 "군법회의에 법관이 잘못하는 일이 있다 하더라도 재심 운운하며 원칙을 번복시키는 것은 오히려 나쁜 결과를 초래시킬 염려가 있다"고 역설하였다. 특히 그는 "반란이라는 국가비상시에 있어서는 재심은 원칙적으로 할 수가 없는 것"이라고 주장하면서 수정안을 반대하였다.[24] 결국 18조의 수정안에 대해서 가부 표결이 이루어졌는데, 그 결과 재석인원 130명 중 찬성 82표, 반대 4표로 가결되었다. 18조에 대한 수정안은 계엄법 19조에 반영되었다.

곧 최종 계엄법 제19조에서 "제16조와 제18조에 의하여 군법회의에서 재판을 받은 자가 불복이 있을 때에는 재심을 요구할 수 있다"는 조항으로 변경되었다. 계엄법 제19조의 군법회의 재심조항은 여순사건의 영향

---

21) 「계엄법안 제2회 독회」, 국회사무처, 『제5회 국회임시회의속기록』 제24호 (1949.10.26), 488쪽.
22) 「계엄법안 제2회 독회」, 국회사무처, 『제5회 국회임시회의속기록』 제24호 (1949.10.26), 487쪽.
23) 위와 같음.
24) 위와 같음.

이 크게 작용하였지만, 계엄시행 지역에서 국민의 인권과 재판권을 보장하려는 노력이 반영된 것으로서 중요한 의미를 지닌다. 그러나 이 조항은 재심제도를 구체화하는 시행령이 제정되지 않았고, 상소나 재심을 허용하는 법적 절차나 상소법정도 설치되지 않았기 때문에 실제로 현실화되지 못하였다.

2) 작전상 재산파괴에 대한 보상과 보상시기

국회 법제사법위원회가 처음에 제출한 계엄법안 제14조는 "작전상 부득이한 경우에는 국민의 재산을 파괴 또는 소화"할 수 있으며, 발생한 "손해에 대하여는 비상계엄이 해제 후에 이를 보상하여야 한다"[25]고 규정하고 있다. 계엄 시행지역에서 발생한 작전상 재산파괴를 보상하는 규정은 외무국방위원회안이나 일제 계엄령에 포함되어 있지 않았다. 법제사법위원회는 여순사건 이후 계엄령 시행지역에서 군경의 이른바 작전상 재산파괴에 따른 국민들의 고통과 피해를 고려하여 재산권 보상규정을 명문화하였다. 여기에서 쟁점이 된 부분은 보상 그 자체가 아니라 비상계엄 해제 후에 보상하도록 한 보상시기 문제였다.

먼저 조국현 의원은 계엄법안 제14조 2항에서, 작전상 부득이한 경우에 파괴하거나 소화한 국민의 재산 손해를 비상계엄 해제 후에 보상한다고 규정하고 있으나, '계엄해제 후에 대책을 세울 경우 사람의 생명이나 이재자 등 많은 문제가 발생한다'고 주장하였다.[26] 그는 '집을 파괴하거나 식량을 몰수하는 날부터 사람들은 굶주리고 얼고 하는 상황에서, 계

---

25) 법제사법위원회 「계엄법안」, 국회사무처, 『제5회 국회임시회의속기록』 제19호(1949.10.12), 380쪽.
26) 「계엄법안 제1회 독회」, 국회사무처, 『제5회 국회임시회의속기록』 제19호(1949.10.12), 382쪽.

엄이 해제한 뒤에는 사람들이 다 죽어 버릴 텐데, 사람이 죽은 뒤에 대책을 세우고 보상하는 것이 문제가 있다'고 지적하였다.[27] 이에 대해 국방부차관 최용덕은 '사태가 평정된 후, 곧 계엄 해제 후에 위원회 등에서 증거를 고려하여 보상이 될 것'이라고 답변하였고, 보상시기 문제에 대해서는 언급하지 않았다.[28]

조국현 의원은 다시 국방부 차관의 답변이 잘못되었다고 설명하면서, '작전상 어쩔 수 없이 국민의 재산 파괴로 말미암아 재산을 다 없애버리고 옷 없고 밥 없고 한 다음 죽게 된 때, 죽은 사람에게 보상을 어떻게 할 것이냐, 그러면 그 산 사람에게 대해서 구제책이 있을 것이냐 없을 것이냐 하는 것을 묻는 것'[29]이라고 지적하였다. 곧 '파괴를 하게 되면 이 재자로 하여금 어떻게 구제책을 호구할 수가 있느냐 없느냐 하는 것을 답변해 달라는 것'이라고 강조하였다.[30] 이에 대해 국방부차관 최용덕은 계엄령을 선포한 사람이 파괴에 대한 구제위원회 등을 설치할 것이라는 점을 인정해 주어야 하며, 또 "그만한 사람이 계엄령을 놓을 수 있다는 것을 또 생각"해야 한다고 답변하였다.[31]

나용균 의원도 계엄법안 14조의 2항을 언급, 보통 재산이라면 계엄이 두 달이 걸리든지 반년이 걸리든지 해제한 후에 보상해도 상관이 없지만, '산간벽지에 있는 초가삼간은 빈한한 사람으로 보아서는 돈 있는 사람의 고루고각(高樓高閣)보다도 더 중요한 재산'이며, '하루라도 있지 않으면 자기생명을 유지할 수 없는 재산'이라고 강조하였다.[32] 따라서 '어

---

27) 위와 같음.
28) 「계엄법안 제1회 독회」, 국회사무처, 『제5회 국회임시회의속기록』 제19호 (1949.10.12), 383쪽.
29) 위와 같음.
30) 위와 같음.
31) 위와 같음.
32) 「계엄법안 제1회 독회」, 국회사무처, 『제5회 국회임시회의속기록』 제19호 (1949.10.12), 388쪽.

느 때에는 불살라 철폐해버리고 계엄령이 끝난 뒤에 보상한다고 하는 것
은 너무나 한만(閑漫)한 일'이라고 비판하였다.[33]

이에 대해 국방부차관 최용덕은 제14조의 내용을 다시 낭독하면서,
"계엄령을 낸 후에 소화가 된 것이 평정이 된 뒤에 계엄을 한 뒤에 거기
에 대해서 보상을 줄 수 있다"고 말하였다.[34] 이러한 발언에 대해 의원석
에서 "「보상하기 전에 어떻게 하느냐 말이에요」 하는" 질문을 하자, 그는
"계엄사령관이 거기에 대한 보조나 구휼에 대한 무슨 위원회라든지 무엇
이 있어서 거기에 대한 해당 조치가 있을 것"이라는 원론적인 답변을 내놓
았다.[35]

백관수 법제사법위원장도 제14조는 "전쟁이라든지 모든 소란이 없어
진 뒤에 일반 국민의 재산에 대해서 보상하는 제도"로서 법제사법위원회
에서 많이 의논했다고 밝혔다. 그는 "어쨌든지 보상하지 않으면 안 된다,
처음에는 「보상할 수 있다」고 하는 문구까지 만들어 봤"으며, 나중에 "반
드시 보상하여야 한다 하는 책임조건"을 규정했다고 말하였다.[36] 곧 계
엄시에 "혹 군에서 함부로 국민의 재산을 갖다가 없앤다든지 그러면 안
될 것이다. 그러니 부득이한 경우에 군사상 불가불 재산을 파괴한다든지
불을 살린다든지 없앤다든지 그런다고 하면 이 다음 회복한 뒤에 「보상
하여야 한다」, 이 「보상하여야 한다」 하는 문구는 책임조건으로 꼭 해야
한다는 말"이라고 지적하였다.[37] 그는 특히 '작년의 여수 순천사건 이래
로 항간의 말이라든지 또 일반 유식자 간에라도 많이 말'이 있었던 점을
언급하면서, 국가의 재정관계나 정부에 대한 국민의 신망 등을 고려하

33) 위와 같음.
34) 「계엄법안 제1회 독회」, 국회사무처, 『제5회 국회임시회의속기록』 제19호
(1949.10.12), 389쪽.
35) 위와 같음.
36) 「계엄법안 제1회 독회」, 국회사무처, 『제5회 국회임시회의속기록』 제19호
(1949.10.12), 390쪽.
37) 위와 같음.

여, 군사행동이 있을 때에는 "꼭 정부로서 보상시켜야겠다. 그렇지 않고
서는 국민이 신임 안할 것이다, 그래서 보상하여야 한다"고 한 것이라고
밝혔다.[38] 그는 다만, "시일문제 시간문제에 있어서는 우리가 해석할 때
에 평정이 된 후에 계엄령이 해제된 후에 평화가 된 후에 곧 정부에서
착수해서 보상방법으로 다시 위원회라든지 어떤 지역에 따라서 관청을
시킨다든지 여러 가지로 곧 보상해야 한다"는 입장을 밝혔다.[39]

계엄법안 제14조에 규정된 비상계엄 해제 후의 보상규정은 제2회 계
엄법안 독회 축조심의 과정에서도 중요 쟁점이 되어 수정안이 제출되었
다. 나용균 의원 외 10명은 제14조 3항 중 「비상계엄의 해제 후에」를 삭
제하라는 수정안을 제출하였다.[40] 김문평 의원은 나용균 의원을 대신한
설명에서, 비상계엄 해제 후에 보상한다는 규정에 대해, '부득이한 경우
에 있어서 국민의 재산을 파괴 손상한데 대해서 이것을 보상한다, 도대
체 재산권을 보상하는데 있어서 이렇게 기한부로 보상한다는 말은 되지
않는 말'이라고 주장하였다.[41] 그는 특히 '계엄지대에서 재산권을 해제
당하는데 가장 비참한 경우는 모든 사태가 소개되는 것'이라고 강조하였
다. 그는 계엄지대에서 인민들에게 발생한 비참한 손해나 그들의 전전긍
긍하는 심리상태를 고려하지 않고 계엄이 해제된 후에 보상한다는 발상
에 놀라지 않을 수 없다고 비판하였다. 그는 보상은 "하루바삐 해 주어야
한다"고 역설하였다.[42] 그는 '계엄이 해제하기 전이라도 역시 사태가 비
상사태인 만큼 이것을 충분히 조사해서 완전히 보상하기까지는 상당한
시일이 걸릴 줄 알지만, 그럼에도 여기에 또다시 계엄이 해제된 다음에

---

38) 위와 같음.
39) 위와 같음.
40) 「계엄법안 제2회 독회」, 국회사무처, 『제5회 국회임시회의속기록』 제24호
　　(1949.10.26), 478~479쪽.
41) 위와 같음.
42) 위와 같음.

한다면 이것은 1년 후인지 2년 후인지 3년 후인지 모르는 사태에 이르고 말 것'이라고 우려하면서 '계엄이 해제되기 전이라도 가능한 속히 보상해 주는 것이 마땅하다'고 주장하였다.[43]

조한백 의원도 수정안을 찬성하는 차원에서 다음과 같이 덧붙였다. 그는 '비상계엄 시에 물품을 징발법에 의해 징발하거나 가옥을 파괴, 또는 태워버릴 수도 있는데, 만약 겨울이 될 때 집을 불살라 버리고 식량을 징발하고도 보상하지 않고 그대로 방치해 둔다면 비상계엄이 해제된 뒤에 그 사람들은 살길이 없을 것'이며, 결국 '배고프다든지 어떻든지 해서 죽을지도 모르는 일'이라고 비판하였다.[44] 따라서 그는 '반드시 민간의 형편을 고려하여 비상조치로서 소개하거나 양곡을 징발하기 전에 어느 정도 보상을 해서 살 길을 강구하도록 하고 여러 가지로 민간에게 폐가 없도록 해야 한다'고 강조했다.[45]

법제사법위원장 백관수는 원안의 취지에 대해, 계엄법이 선포된 후 군사령관이 군사상 필요에 의해 재산이나 가옥을 파괴할 경우, 당장 계엄법 시행 중에는 보상하기 어렵다고 밝혔다. 그는 군사상 필요에 의해 재산이나 가옥을 파괴하거나 없애는 것이므로 계엄법 시행 중에는 보상할 수 있는 어떤 여유가 없다는 주장이었다.[46] 그는 따라서 계엄시행 중에는 여유가 없으므로 계엄해제 후 군사행동이 끝난 뒤에 보상한다 말이며, 이에 '비상계엄 해제 후에 한다는 것을 삽입한 것이지 그것을 보상하지 않는다는 것은 아니'라고 설명하였다. 곧 계엄법을 시행하는 중에 보상할 수 없으므로 '부득이 해제 후에 한다는 문구를 쓴 것이므로 양해'해 줄 것을 요청하였다.[47]

---

43) 위와 같음.
44) 「계엄법안 제2회 독회」, 국회사무처, 『제5회 국회임시회의속기록』 제24호 (1949.10.26), 479쪽.
45) 위와 같음.
46) 위와 같음.

이에 대해 다시 이성학 의원은 원안대로 하면, 보상하는 기간이 '무기한으로 언제 될지 알 수 없으며, 또 언제 비상계엄이 해제될지도 알 수 없다'고 비판하면서 수정안을 찬성하였다.[48] 그는 보상이 '계엄해제 후에 비로소 시작이 된다면 적어도 장기간 언제인지 모르지만, 장차 기간이 길어서 사람들이 생활에 대단히 큰 위협을 받게 되는 때 국가에서 어떻게 할 것이냐'고 질의하였다.[49] 그는 국가에서 '이러한 법이 없더라도 중대한 책임을 가지고 처리를 해야 하는데, 만약 이 법을 원안대로 한다면 국민은 도저히 살 수 없다'고 비판하였다. 그는 특히 수정안대로 하더라도 곤란한 시기에 보상이 언제 이루어질지 알 수 없는 상황에서, 만약 '원안대로 할 것 같으면 백년하청이 될 우려가 있다'고 지적하였다.[50]

결국 제14조에 대한 수정안은 표결에 부쳐져 재석인원 114명 중, 찬성 66표, 반대 4표로 가결되었다. 이에 따라 법제사법위원회의 원안에서 처음 제시되었던 "비상계엄 해제 후"라는 문구는 삭제되고, 최종 계엄법에서는 작전상 부득이한 경우에 파괴 또는 소화한 국민의 재산에 대해서는 "이를 보상하여야 한다"는 내용으로 수정되었다.

법제사법위원회의 계엄법안에 국민의 재산피해에 대한 보상 규정이 포함되고, 특히 국회 심의과정에서 보상시기를 수정하여 계엄해제 이후가 아닌 계엄시행 중에 보상할 수 있도록 최종 확정한 것은 매우 중요한 의미를 지닌다. 이는 특히 여순사건에서 드러난 국민의 재산피해와 고통을 고려하여 국가권력, 곧 계엄법을 앞세운 예외적 권력의 행사를 견제하고 국민의 기본권, 재산권을 보호하려는 국회의 노력이 반영된 결과였다. 그럼에도 계엄법 14조를 구체화할 수 있는 하위 법령이나 시행령은

47) 위와 같음.
48) 위와 같음.
49) 위와 같음.
50) 「계엄법안 제2회 독회」, 국회사무처, 『제5회 국회임시회의속기록』 제24호 (1949.10.26), 480쪽.

제정되지 않았기 때문에 비상계엄시 발생한 재산피해를 실제로 보상받기는 어려웠다.

3) 국회의원 불체포 특권과 국민 보호론

국회 법제사법위원회의 계엄법 원안에는 국회의원에 대한 불체포 조항이 포함되지 않았다. 국회의 계엄법안 심의과정에서 계엄시 국회의원의 불체포 문제는 중요한 쟁점이 되었으며, 제1회 독회와 2회 독회 축조심의에서 계속 논의되었다.

1회 독회에서 박찬현 의원은 인민을 대표하는 국회의원은 일반 민중을 보호해야 한다는 입장에서 계엄시 국회의 동의가 없으면 국회의원을 체포할 수 없도록 하는 조항을 넣자고 주장하였다. 그는 헌법에 대통령의 국회 해산권이 인정되지 않는 상황에서, 극단적으로 상상하면, 대통령이 "국회를 해산시키는 유일한 방법은 참 계엄령을 선포하는 가운데에 국회의원을 적당하게 어디다가 처치해 버리면 해산"할 수 있는 경우가 예상된다고 지적하였다.[51] 그는 이러한 의미에서 여순사건 때 계엄령 하에서 황두연 의원이 온갖 중상모략을 받아 억울한 처지에 빠진 것을 연상할 수 있다고 하면서, 계엄법에 "계엄이 선포되면 국회의원은 국회의 동의가 없으면 체포할 수 없겠다는 것을 이러한 조항을 삽입"하자고 제안하였다.[52] 그는 특히 국회는 "계엄이 선포되면 소집해 가지고 이 계엄의 해제를 요구할 수 있는 권한"이 있으므로 이러한 조항을 반드시 넣을 필요가 있다고 강조하였다.[53]

---

51) 「계엄법안 제1회 독회」, 국회사무처, 『제5회 국회임시회의속기록』 제19호 (1949.10.12), 386쪽.
52) 위와 같음.
53) 위와 같음.

박찬현 의원 외 11명은 2회 독회에서 제17조, 곧 「계엄공포 중 국회의원은 현행범을 제외한 외에는 체포 또는 구금되지 않는다」는 조항을 신설하자는 수정안을 제출하였다.[54] 박찬현 의원은 '계엄은 국가의 운명을 좌우하는 중대한 시기에 선포되고 헌법에 규정된 인민의 자유권이 극도로 제한되기 때문에 국회의원은 항상 인민 측에서 분투'해야 한다고 역설하였다. 그는 국회의원의 중요한 역할은 계엄법이 선포되면 국회가 소집되고 대통령은 국회에 통지를 해야 하는 조건에서, 계엄해제 요구나 특별 예산, 기타 사건을 수습하는 것이라고 주장하였다.[55] 그는 특히 현재 대통령 중심제인 헌법체제에서 극단적인 경우 정부가 계엄을 통해서 합법적으로 국회를 숙청할 가능성도 고려해야 한다고 지적하였다. 또한 계엄령 하에서 일반민심은 극도로 혼란되고 온갖 중상모략이 난무하는 상황에서 국회의원은 항상 인민 측에서 인민의 권리를 옹호할 필요가 있다는 입장을 밝혔다.[56] 그는 국회가 소집되면 당연히 국회의원은 현행범 이외에는 체포 감금할 수 없다는 헌법조항이 있겠지만, 국회가 개회하기 전이나 혹은 폐회 이후에 계엄령이 존속하는 상황에서 특별히 국회의원을 보호하기 위해서는 이러한 수정안이 필요하다고 강조하였다.[57]

이진수 의원도 전국적 계엄이 선포될 때는 사법 행정 입법이 모두 정지되는 초비상시기이므로 의원은 국회에 반드시 남아야 하며, 국회의원이 소집에 응하지 못하거나 출석하지 못할 경우에는 내우외환을 타개할 길이 없다고 주장하면서 수정안을 지지하였다.[58] 그는 특히 외국의 예를 들면서, 국민의 신분 보장과 권리 행사, 인권옹호를 위해서는 10만을 대

---

54) 「계엄법안 제2회 독회」, 국회사무처, 『제5회 국회임시회의속기록』 제24호 (1949.10.26), 483쪽.
55) 위와 같음.
56) 위와 같음.
57) 위와 같음.
58) 「계엄법안 제2회 독회」, 국회사무처, 『제5회 국회임시회의속기록』 제24호 (1949.10.26), 484~485쪽.

표한 국회의원에 대한 특수한 보장, 신분보장이 필요하다고 강조하고 17
조의 신설을 지지하였다.[59]

유성갑 의원도 박찬현 의원의 수정안을 지지하였다. 그는 작년에 황두
연 의원이 국회 회기 중에도 피해를 입은 사실을 언급하면서, '계엄령만
펴면 어떤 사람이고 총살도 할 수 있고 즉결처분도 할 수 있고, 그러한
관념이 있으면 큰일'이라고 지적하였다.[60] 그는 계엄시 국회의원 불체포
조항은 '자신의 특권만을 주장하기 위한 것이 아니라 우리는 공적인물이
므로 민의를 반영하기 위한 그런 임무를 가지고 있다'고 강조하였다.[61]
그는 법은 공정하게 만들어야 하기 때문에, 계엄령이 실시되면 '군법회
의를 열어서 웬만하면 총살 무기 5년 이상 되니 역시 국회의원만은 좀
신중하게 취급하라고 하는 이러한 조항이 필요하다'고 주장하였다.[62]

장홍염 의원도 신설안을 찬성하면서 계엄하면 사법이나 행정 전부가
군부로 귀일하는 것이며, 군부에서 정권을 가지게 된다고 주장하였다.
그는 우리나라는 정당정치, 의회정치 제도를 가지고 있으므로 반드시 대
립되는 정당이 있어야 한다는 생각을 밝혔다.[63] 그는 '계엄 상황에서 반
대정당을 탄압할 수도 있고, 사법 행정을 군부에 합쳐 놓는 상황에서 이
를 시정할 사람은 국회의원 밖에 없으므로 신설안은 국회의원의 특권을
주는 것이 아니라 국회의원으로서 잘못된 것을 시정'하기 위해 이 조항
을 신설해야 한다고 강조하였다.[64]

이러한 주장에 대해 최용덕 국방부차관은 국회의원은 개회 도중에 체

59) 위와 같음.
60) 「계엄법안 제2회 독회」, 국회사무처, 『제5회 국회임시회의속기록』 제24호
    (1949.10.26), 485쪽.
61) 위와 같음.
62) 위와 같음.
63) 「계엄법안 제2회 독회」, 국회사무처, 『제5회 국회임시회의속기록』 제24호
    (1949.10.26), 486쪽.
64) 위와 같음.

포할 수 없다는 것이 법률로 제정되어 있다는 점을 언급하면서, "법률에 특별히 어떻게 한다는 것은 여러 가지 다른 법률로 내시면 모르겠"지만, 계엄법안 "안에다가 누구는 어떻다 한다는 것을 어떻게 쓸 수가 없"다고 답변하였다.[65] 그는 다만, "계엄사령관이나 정부의 행정부문의 중요한 자에게 확실한 보호라든지 이러한 것이 있겠다고 하는 것을 인정"해야 하며, 이를 "설명치 않고 법문화되지 않더라도 그러한 의무도 있"다고 언급했다.[66]

일부 국회의원들은 이러한 정부 측의 주장을 지지하였다. 박순석 의원은 국회 개회 중에 국회의원의 신분이 보장되어 있고, 법아래 만민이 평등한 정신에 비추어 볼 때, 국회의원들이 국민으로부터 자기들의 권리를 주장한다는 오해를 받을 수 있다는 이유로 제17조의 신설을 반대하였다.[67] 조헌영 의원도 박찬현 의원의 수정안은 법의 앞에는 만민이 평등하다는 헌법정신, 헌법 8조에 특수계급을 만들지 못한다는 헌법정신에 맞지 않는다는 이유를 내세워 반대했다.[68] 그는 국회의원은 국회 개회중이 아닐 때에는 일반 인민과 같은 평등한 입장에서 법의 처단을 받아야한다고 강조했다. 그는 계엄법이 시행되면 국회를 소집하고 국회의원은 헌법 49조에 의해 당연히 보호를 받으며, 또 체포될 경우에 되면 국회의 결의로서 석방할 수 있는 법이 있는 조건에서 굳이 헌법 49조와 8조의 정신에 맞지 않는 이 조항을 넣을 필요가 없다는 것이었다.[69] 그는 특히 이 조항을 신설할 경우, 국회의원 가운데 '이 법을 역용해 가지고 합법적

---

65) 「계엄법안 제1회 독회」, 국회사무처, 『제5회 국회임시회의속기록』 제19호 (1949.10.12), 389쪽.
66) 위와 같음.
67) 「계엄법안 제2회 독회」, 국회사무처, 『제5회 국회임시회의속기록』 제24호 (1949.10.26), 484쪽.
68) 「계엄법안 제2회 독회」, 국회사무처, 『제5회 국회임시회의속기록』 제24호 (1949.10.26), 485쪽.
69) 위와 같음.

정치적 반역을 도모하다가 안 될 때에는 내란에 가담하여 사태를 악화하고 조장할 우려가 있다'고 주장하였다.[70]

법제사법위원장 백관수는 국회의원은 헌법상 신분보장의 특권을 가지고 있는데, 군사상 필요로서 전쟁이나 사변이 일어나 계엄법을 시행하는 상황에서 특별히 일반민중과 달리 특권을 갖는다는 것은 입법상 정신으로 대단히 위험하다고 지적하고 신설을 반대하였다.[71]

결국 박찬현 의원 외 11명이 제출한 수정안은 표결에 부쳐져 재석인원 138명 중, 찬성 78표, 반대 20표로 가결되었으며, 계엄법 14조에 최종 반영되었다. 계엄법 제14조에 비상계엄시 국회의원 불체포 조항이 신설된 것은 중요한 의미를 지닌다. 사실 제14조는 내용상 계엄법 자체와 큰 관련이 없다. 제14조의 신설은 크게는 대통령의 계엄법 권력에 대한 의회의 견제로도 볼 수 있지만, 무엇보다 현역 국회의원이었던 황두연이 계엄군에 체포되고 구타당했던 여순사건의 경험이 크게 작용했다. 국회의원들은 여순사건에서 드러났던 계엄법 권력의 폭력과 공포정치를 보면서 14조의 신설을 지지하였다.

3. 대통령 계엄령 권력과 국회 통제권의 대립

계엄법안 작성 및 심의 과정에서 가장 큰 쟁점이 되었던 것은 계엄선포를 둘러싼 대통령과 국회의 권한, 곧 대통령의 계엄선포권과 이에 대한 국회의 승인권 또는 해제 요구권 문제였다. 계엄법은 사실 대통령 예외권력의 또 다른 형태이기 때문에 국회와의 관계를 어떻게 규정하는가

---

70) 위와 같음.
71) 「계엄법안 제2회 독회」, 국회사무처, 『제5회 국회임시회의속기록』 제24호 (1949.10.26), 485~486쪽.

하는 것은 중요한 사안이었다. 이 주제는 사실상 계엄법안의 구조와 성격을 결정짓는 중요한 문제였기 때문에 처음부터 큰 쟁점이 되었으며, 계엄법안 기초나 법제사법위원회 분과회의에서도 크게 3설, 곧 3가지 의견이 나누어졌다.[72]

제1안은 정광호 의원의 주장으로 대통령이 계엄을 선포한 이상 국회에 통고할 필요가 없다고 하는 설이다.[73] 제2안은 김장렬 의원의 주장으로 계엄을 선포할 경우 반드시 국회의 승인을 받아야 하며, 중대한 계엄을 선포하고도 국회에 알리고 승인을 받지 않으면 말이 안 된다고 하는 설이다.[74] 이는 대통령의 계엄선포에 대한 국회의 통제나 권한을 강조하는 입장으로서 박해정 의원 등이 주장한 국회의 계엄해제 요구권 확대론과도 연결되어 있다. 곧 전체적으로 국회가 대통령의 계엄 선포에 대한 승인만이 아니라 계엄 해제에서도 더 많은 권한을 가져야 한다는 주장이다. 제3안은 법제사법위원회 원안으로서 대개 계엄은 한 국가의 최고원수가 전쟁이나 사변과 같은 "위험천만한 심각한 사태"에서 선포하므로 이를 '낱낱이 국회의 승인'을 받기가 어렵다는 입장이었다.[75] 제3안은 대통령이 국회의 승인을 받지 않고 "전 책임을 가지고서 계엄을 좌우"하고, 국회에서는 중대한 국가의 계엄에 대해 하등에 모르고 있으면 "민중에게 대해서 면목이 없"음으로 그 "취지는 국회에 통고"해야 한다는 중간적 입장, 곧 "중용지설"이었다.[76]

대통령의 계엄선포권과 국회의 승인권을 둘러싼 대립은 계엄법안 제5조를 놓고 치열하게 이루어졌다. 법제사법위원회의 계엄법 원안 제5조

72) 「계엄법안 제2회 독회」, 국회사무처, 『제5회 국회임시회의속기록』 제24호 (1949.10.26), 476쪽.
73) 위와 같음.
74) 위와 같음.
75) 위와 같음.
76) 위와 같음.

는 "대통령이 비상계엄을 선포 또는 추인하였을 때에는 지체 없이 국회에 통고하여야 한다. 전항의 경우에 있어서 국회가 폐회중일 때에는 대통령은 지체 없이 국회의 개회를 요구하여야 한다"고 규정되었다.[77] 법제사법위원회의 원안은 대통령이 독자적으로 계엄을 선포 또는 추인하고 국회에 통고하는 것으로서 계엄법 권력의 행사에서 의회에 대한 대통령의 우위를 인정하는 것이었다.

이에 대해 정광호 의원 등이 5조 전문 자체를 삭제하자는 수정안, 김장렬 의원 등이 대통령이 비상계엄을 선포 또는 추인하였을 때 국회의 승인을 얻어야 한다는 수정안 등을 제출하였지만, 표결과정에서 부결 또는 미결되고, 결국 원안이 재석인원 118명 가운데 찬성 85표, 반대 4표로 가결되었다. 제5조는 계엄법안 제1회 독회의 질의응답, 제2회 독회의 계엄법안 축조 심의과정에서 매우 중요한 쟁점이 되었다.

국회의 심의 과정에서 제5조를 둘러싼 의견 대립은 크게 세 가지 견해로 나누어졌지만, 이는 제21조의 국회 계엄해제 요구권 문제와 연결되어 있다. 따라서 계엄령을 둘러싼 대통령(정부)과 국회의 대립은 1) 대통령의 독자적 계엄선포론, 2) 국회의 계엄선포 승인론, 3) 국회의 계엄해제 요구권 확대론, 4) 대통령 계엄선포와 국회통고의 중간론으로 다시 정리할 수 있다.

---

77) 「법제사법위원회 계엄법안」, 국회사무처, 『제5회 국회임시회의속기록』 제19호 (1949.10.12). 한편, 국방부 차관 최용덕은 계엄법안 제5조에 「전항의 경우에 있어서 국회가 폐회중일 때에는 대통령은 지체 없이 국회의 소집을 요구하여야 한다」는 조항에 대해, "물론 계엄령이 큰 일"이므로 "국회를 소집해서 이것을 통과되도록 해야 되겠다고 하는 것이 여기에 의미한 것"이라고 답변하였다. 「계엄법안 제1회 독회」, 국회사무처, 『제5회 국회임시회의속기록』 제19호 (1949.10.12), 388쪽.

1) 대통령의 독자적 계엄선포론

제1안은 대통령의 계엄선포권을 중시하는 입장으로서 대통령의 계엄 선포에 대해 국회 사전 통고나 승인을 반대하면서 대통령의 독자적 권한 을 강조하는 입장이다. 일종의 대통령의 독자적 계엄선포론으로 볼 수 있다.

제1회 계엄법안 독회에서 정광호 의원은 헌법 64조에는 대통령이 계 엄법에 따라 당연히 계엄을 선포할 수가 있는데, 계엄을 선포한 다음에 국회에 통고하는 절차를 밟게 하거나 또는 국회에 통고하여 국회가 취소 하거나 중지하는 요구를 결의한다면, 대통령의 헌법상 권한을 침해하는 것이 될 수 있다고 주장하였다.[78]

제2회 독회에서도 대표적으로 정광호 의원 외 18명은 계엄법안 「제5 조 전문 삭제할 것」, 곧 대통령이 비상계엄을 선포 또는 추인하였을 때 국회에 통고하는 내용 전체를 삭제하자는 수정안을 제출하였다.[79] 정광 호 의원은 제5조 전문을 삭제하자는 이유로서 "계엄령과 헌법상 관련성" 을 들고 나왔다.[80] 그는 대통령은 "헌법 61조에 근거한 군의 통수권자"로 서 "헌법 64조에 계엄선포를 한다는 것이 규정"되었으며, 계엄선포권은 대통령의 특별한 권리로서 "국가의 다른 기관이 간섭을 할 수 없는 그런 중대한 의무"라고 주장하였다. 그는 계엄법은 "부득이한 때에는 군권을 발동"하는 일이기 때문에 "헌법상 그런 중대한 권한을 대통령에게 부여" 한 것이라고 덧붙였다.[81]

---

78) 「계엄법안 제1회 독회」, 국회사무처, 『제5회 국회임시회의속기록』 제19호 (1949.10.12), 387~388쪽.
79) 「계엄법안 제2회 독회」, 국회사무처, 『제5회 국회임시회의속기록』 제23호 (1949.10.25), 469쪽.
80) 위와 같음.
81) 위와 같음.

정광호 의원은 다른 헌법조항과는 달리, 헌법 64조의 계엄령 선포에 대해서는 대통령 권한 제한이나 다른 조건을 규정한 것이 없다고 지적하면서, 이는 "통수권의 발동인 계엄령은 대통령 단독으로서 그때에 있어 가지고 할 수 없이 발포하게 되는 이러한 특권의 권한이라고 규정한 것이 우리 헌법정신"[82]이라고 강조하였다. 따라서 그는 계엄법에 대통령의 권한을 제한하는 조건은 헌법정신에 맞지 않고 헌법에 관련된 중대한 문제이기 때문에 5조를 삭제하자고 주장하였다.[83] 나아가 그는 계엄령은 국가안위에 관계될 때 시행하므로 계엄령을 선포로 민간에 막대한 피해가 발생하는 것은 인정하지만, 이를 구제한다고 해도 대통령의 헌법상 규정된 권한을 침해하거나 간섭하는 것은 타당하지 않다고 역설하였다.[84]

김경도 의원도 정광호 의원의 수정안에 찬성하면서 국회 통고를 규정한 원안이나 국회 승인을 요구하는 김장렬 의원의 수정안에 반대한다고 밝혔다. 그는 대통령은 '계엄을 선포할 때에 헌법 제72조 제6항에 의거, 계엄령과 해엄령(解嚴令)은 반드시 국무회의의 의결을 거쳐야 하며, 이 의결을 거친 뒤에 비로소 대통령은 헌법 제64조에 의해 계엄을 선포하게 된다'[85]고 주장하였다. 그는 또한 본법 제1조 제2항에 「대통령이 전항에 의하여 계엄을 선포할 때에는 그 선포의 이유 종류 시행 지역 또는 계엄사령관을 공고하여야 한다」고 규정되어 있다고 전제하고, 여기에서 모든 국민에게 공고하였음에도 국회에 통고하며, 또 제21조에 국회가 요구하면 대통령은 언제든지 계엄을 해제해야 하는 규정이 있는데, '무엇 때문

82) 위와 같음.
83) 위와 같음.
84) 「계엄법안 제2회 독회」, 국회사무처, 『제5회 국회임시회의속기록』 제23호 (1949.10.25), 470쪽. 그는 비록 제5조 전문은 삭제하더라도 21조가 있으므로 계엄령으로 발생하는 피해는 구제할 수 있다고 주장하였다.
85) 「계엄법안 제2회 독회」, 국회사무처, 『제5회 국회임시회의속기록』 제24호 (1949.10.26), 476쪽.

에 국회에 통고를 하고 또는 우리가 해제권을 요구할 수 있느냐'고 비판
하였다.[86] 그는 계엄은 비상사태 시기에 취할 비상조치임에도 불구하고
동의나 승인을 받으라고 한다면, 오히려 번잡한 수속이나 절차를 밟다가
큰 착오가 생길 염려가 있으므로 원안의 제5조 삭제에 대해서 찬성한다
고 밝혔다.[87]

정부도 이러한 입장을 갖고 있었다. 국방부차관 최용덕은 헌법 제64조
에 「대통령은 법률에 정하는 바에 의하여 계엄을 선포한다」라고 규정,
대통령의 계엄선포시 국회의 승인이 필요한 것처럼 오해될 수 있으나,
여기서 말하는 「법률에 정하는 바에 의하여」는 '계엄을 선포할 수 있는
사태, 계엄의 종류와 실시지역, 계엄의 효력 등 계엄을 선포할 요건과 효
력을 법률로서 정한다는 뜻이며, 계엄선포가 국회의 승인을 필요로 한다
는 의미는 아니라고 주장하였다.[88] 그는 헌법상 계엄선포는 대통령의 권
한임에도 불구하고 국회의 승인을 필요로 하고 결국 법률로서 대통령의
권한을 제한하는 것은 위헌이기 때문에 '본 초안 심의 당시 논의에서도
결국 국회의 승인을 필요치 않는다고 의견일치를 본 것이며, 승인권도
없으며 응당 해제 요구권도 없는 것'이라고 강조하였다.[89] 나아가 법안
제정과정에서 '군부의 양보로 특히 국회에 대한 통고 의무와 비상계엄의
해제 요구권을 부여한 것'[90]이라고 밝혔다.

2) 국회의 계엄선포 승인론

제2안은 계엄선포에 대해 대통령의 독자적 권한보다는 국회의 승인을

---

86) 위와 같음.
87) 위와 같음.
88) 「계엄법안 제2회 독회」, 국회사무처, 『제5회 국회임시회의속기록』 제25호
    (1949.10.27), 493쪽.
89) 위와 같음.
90) 위와 같음.

중시하는 입장이다. 일종의 국회의 계엄선포 승인론이다. 대통령의 계엄
선포가 국회의 승인을 받아야 한다는 주장은 주로 헌법과의 관련 속에서
제기되었다.

먼저 제1회 독회의 심의과정에서, 황두연 의원은 계엄법안 5조와 헌법
57조의 상호 관련성에 대해 질의하였다. 그는 계엄법안 5조에는 대통령
이 비상계엄을 선포 또는 추인했을 때에는 지체 없이 국회에 통고해야
한다고 규정하였으나, 헌법 57조에는 내우외환 등 공공의 안녕질서를 유
지하기 위하여 긴급한 조치를 할 경우에 국회에 보고하여 승인을 얻어야
한다고 규정하고 있다는 점을 지적하였다.[91] 황두연 의원은 헌법 57조의
규정에 따라 계엄법안 5조에서도 국회 통고가 아닌 "보고 승인을 얻는
다"[92]고 규정하는 것이 타당하다고 역설하였다.

이에 대해 법제사법위원장 백관수는 헌법 57조의 대통령 긴급명령과
대통령의 계엄령 선포권은 상호 아무런 관계가 없다고 말하였다. 그는
헌법 57조의 긴급필요, 곧 긴급명령과 계엄은 달리 해석해야 한다고 강
조했다.[93]

제2회 독회에서도 김장렬 의원 외 12명은 대통령의 계엄선포에 대한
국회 승인을 주장하면서 계엄법안 5조에 대한 수정안을 제출했다. 그 내
용은 「제5조 대통령은 비상계엄을 선포 또는 추인하였을 때에는 국회의
승인을 얻어야 한다. 국회가 승인을 아니 할 때에는 대통령은 계엄해제
를 선포하여야 한다. 전 1항의 경우에 있어서 국회가 폐회일 때에는 대
통령은 지체 없이 국회의 집회를 요구하여야 한다」는 것이었다.[94] 이 조

---

91) 「계엄법안 제1회 독회」, 국회사무처, 『제5회 국회임시회의속기록』 제19호
   (1949.10.12), 386쪽.
92) 위와 같음.
93) 「계엄법안 제1회 독회」, 국회사무처, 『제5회 국회임시회의속기록』 제19호
   (1949.10.12), 389~390쪽.
94) 「계엄법안 제2회 독회」, 국회사무처, 『제5회 국회임시회의속기록』 제23호

항에 따르면, 대통령의 계엄선포는 국회의 승인을 전제로 성립하기 때문에 계엄실시의 실질적인 권한은 국회가 갖는 것이었다.

김장렬 의원은 제5조에 대한 수정안을 낸 핵심은 대통령에게 계엄법 계엄령을 선포하는 권한을 부여할 수 있지만, '국회의 승인이 있어야만 된다는 점을 조문에 넣는 것'이라고 밝혔다. 그는 헌법 제64조는 대통령이 계엄령을 선포하더라도 '법률에 정하는 바에 의하지 않고는 할 수 없다'는 의미로 해석할 수 있다고 주장하였다.[95] 따라서 그는 대통령이 계엄령을 "법률에 정하는 바에 의하여", "결국 계엄법에 정하는 바에 의해서 선포할 수 있다고 하는 것을 우리가 규정하는 것"이라고 강조하였다.[96]

나아가 김장렬 의원은 다른 나라 헌법에서 규정하고 있는 대통령 명령이나 계엄령을 언급하면서, 다른 나라 민주주의 우방들은 모두 대통령 명령과 국회와의 관련성이 중대한 점을 참고해야 한다고 역설하였다. 그는 인민의 자유가 극도로 축소되고 일반 사법행정 등을 단일화해서 모든 것을 군령으로 움직이는 계엄령에서 '국회와 대통령의 최고 명령권에 하등 관련이 맺어지지 않는다고 하는 것은 우리가 고려할 문제'라고 지적하였다.[97] 그는 특히 헌법 제57조에 내우외환이나 천재지변, 그리고 중대한 재정경제상의 위기상황에서 공공의 안녕질서를 유지하기 위해 긴급한 조처가 필요할 때, 대통령은 국회의원의 집회를 기다릴 여유가 없는 경우에 한하여 법률의 효력을 가진 명령을 공포하거나 또는 재산상 필요한 처분을 할 수 있지만, 이러한 명령 또는 처분은 지체 없이 국회에 보고하여 승인을 얻어야 한다고 규정되어 있는 것을 참작할 필요가 있다

(1949.10.25), 469쪽.
95) 「계엄법안 제2회 독회」, 국회사무처, 『제5회 국회임시회의속기록』 제24호 (1949.10.26), 473쪽.
96) 「계엄법안 제2회 독회」, 국회사무처, 『제5회 국회임시회의속기록』 제24호 (1949.10.26), 474쪽.
97) 위와 같음.

고 강조하였다.[98] 곧 대통령이 내우외환 상황에서 국가 안녕질서를 유지
하려고 긴급한 명령을 발표하게 될 때, 국회의 승인을 얻어야 하며 국회
가 승인하지 않을 때에는 그 효력이 없다고 하는 것을 즉시 공포해야 한
다는 점이 제57조에 규정하여 있다는 것이다. 그는 이것은 비록 계엄령
이라고 지적하지 않더라도 논리상 법문을 해석해 본다면, 제64조는 계엄
령과 관련성이 있다고 주장하였다.[99]

김장렬 의원은 따라서 법제사법위원회 원안 제5조에서 국회에 통고만
한다고 하는 법문 보다는 "국회의 승인이 필요"하다는 규정을 넣을 필요
가 있으며, 이는 대통령이 아닌 인민의 대표기관인 국회가 전체 책임을
지고 중대한 계엄령을 발포하게 된다는 의미라고 설명하였다.[100] 그는
이러한 뜻에서 대통령 계엄 선포시에 "국회의 승인을 요하게 된다고 하
는 이러한 조문을 규정하는 것은 어떠한 의미로 해석하여 보든지 이것은
타당"하다고 역설하였다.[101] 그는 특히 여순사건에서 계엄령 발포로 국
민들의 일상이나 정치생활에서 불행과 부자유를 느꼈던 점을 지적하면
서, 앞으로 국회의 승인권이 없을 경우 계엄령이 발포될 때 이러한 부자
유를 다시 겪게 될 우려도 있다고 지적하였다.[102]

조국현 의원도 국회의 계엄선포 승인론을 지지하면서, 정광호 의원이
제출한 수정안, 곧 계엄법안 제5조를 삭제하자는 것은 헌법 제64조를 곡
해한 것으로서 토론할 가치조차 없다고 비판하였다. 그는 제5조를 삭제
하면 헌법 57조는 공문이 되고 말 것이라고 주장하였다.[103] 그는 헌법 57

98) 위와 같음.
99) 위와 같음.
100) 위와 같음.
101) 위와 같음.
102) 「계엄법안 제2회 독회」, 국회사무처, 『제5회 국회임시회의속기록』 제24호
(1949.10.26), 474~475쪽.
103) 「계엄법안 제2회 독회」, 국회사무처, 『제5회 국회임시회의속기록』 제24호
(1949.10.26), 475쪽.

조는 대통령이 계엄령을 선포한 뒤에도 국회를 소집할 권한을 가지고 있고 또 국회의 승인을 얻어야 한다고 규정되어 있는데, 어떠한 이유로 57조를 말살시키려는 의도를 가지고 있는지 유감이라고 밝혔다.[104] 그는 또한 김장렬 의원안에 찬성하지만, 이 안도 원안과 같다는 입장을 밝혔다.[105]

조국현 의원은 2회 독회 축조 심의 과정에서도 헌법 57조에 대통령이 「내우외환」 등 긴급조치 시에 국회의 승인을 받게 되어 있으며, 이 내우외환에 계엄령이 포함될 경우, 계엄령도 국회의 승인을 받아야 한다는 입장을 밝혔다.[106] 그는 헌법 57조가 있기 때문에 승인만을 생략하는 것에 불과한데, 헌법에 승인이 없다는 이유로 일반적으로 이 헌법 57조까지 무시할 수는 없다고 주장하였다.[107]

이에 대해 국방부차관 최용덕은 헌법 제57조를 오해하고 있다고 발언하였다. 그는 제57조에 규정된 의미는 행정부분에서 긴급한 조치를 하는데 입법기관의 승인을 얻어야 한다는 뜻이며, 계엄령은 통수권의 발동으로서 통수권을 집행하는 것으로서 상호 구분된다고 설명하였다. 곧 57조는 행정부분의 긴급조처라고 주장하였다.[108]

국방부 차관의 답변에 대해, 장병만 의원은 국방부차관의 통수권 운운 발언을 비판하면서, 박해정 의원의 의견(제21조 수정, 비상 두 글자 삭제)을 채택한다고 하여 국회가 대통령 통수권을 빼앗으려고 하는 것이 아니라고 강조하였다. 그는 '대통령 통수권이라는 것은 그대로 있는 것이고 국회도 그 실시사항에 대해서 어떻다는 것을 말하자는 것'이라고

---

104) 위와 같음.
105) 위와 같음.
106) 「계엄법안 제2회 독회」, 국회사무처, 『제5회 국회임시회의속기록』 제25호 (1949.10.27), 494쪽.
107) 위와 같음.
108) 위와 같음.

지적하였다.[109]

3) 국회의 계엄해제 요구권 확대론

국회의 계엄법안 심의과정에서 일부 국회의원들은 국회가 비상계엄만이 아니라 경비계엄에 대해서도 해제를 요구할 수 있는 권한을 가져야 한다고 주장하였다. 이러한 입장은 국회의 계엄선포 승인론과도 밀접히 결합되어 있으며, 대통령의 계엄법 권력에 대한 국회의 통제를 확대하려는 의도가 반영된 것이었다.

대표적으로 박해정 의원은 계엄법안 제21조에서 국회의 비상계엄 해제 요구권만을 규정한 조항은 문제라고 지적하였다. 그는 경비계엄과 비상계엄의 효력이 대단히 모호한 상황에서 국회가 비상계엄과 함께 경비계엄의 해제도 대통령에게 요구하는 권한이 있어야 하며, 국회가 계엄해제를 요구할 때에는 대통령은 이를 해제하여야 한다고 주장하였다.[110] 그는 국회의 계엄해제 요구권은 비상계엄에 국한해서는 안 되며 경비계엄까지 확대해야 한다는 입장을 갖고 있었다. 그는 이를 위해 '21조에서 비상이라는 문자를 빼는 것이 군부가 국회나 국민의 협력을 얻어 계엄령을 효과적으로 시행하는데 좋다'고 강조하였다.[111]

국회의 계엄해제 요구권을 비상계엄만이 아니라 경비계엄까지 확대하자는 주장은 2회 독회 축조심의 과정에서도 쟁점이 되었다. 박해정 의원 외 21명은 계엄법안 제21조「국회가 비상계엄의 해제를 요구할 때에는 대통령은 이를 해제하여야 한다」는 조항에서「비상」이라는 두 자를 삭

---

109)「계엄법안 제2회 독회」, 국회사무처,『제5회 국회임시회의속기록』제25호 (1949.10.27), 495쪽.
110)「계엄법안 제1회 독회」, 국회사무처,『제5회 국회임시회의속기록』제19호 (1949.10.12), 384쪽.
111) 위와 같음.

제하자는 수정안을 제출하였다.[112] 곧 경비계엄과 비상계엄의 효력을 구별하기 곤란한 상황에서 21조의 비상 두 자를 삭제하여 비상계엄만이 아니라 경비계엄에서도 치안상태가 회복될 경우, 국회가 대통령에게 해제 요구를 할 수 있어야 한다는 논리였다.[113]

박해정 의원은 특히 계엄법안 제5조에 비상계엄을 선포 또는 추인하였을 때 대통령이 국회에 통고하게 되어 있는 점을 지적하면서, 만약 제21조에 경비계엄에 대한 해제 요구권이 없다면 국회는 경비계엄에 대한 발언권이 없어질 것이라고 우려하였다.[114] 이러한 이유에서 박해정 의원은 비상계엄과 함께 일반 경비계엄에서도 국회가 해제 요구권을 가져야 하며, 특히 실제로 어떤 도(道)에 경비계엄이 선포되고 치안질서가 정상상태로 회복되는 여부는 해당 지방의 국회의원이 누구보다도 더 잘 안다고 강조하였다. 그러므로 그는 '실지문제에서 비상계엄뿐만 아니라 경비계엄에 있어서 국회가 해제 요구권을 가지는 것이 여러 가지 행정운용상으로 좋다'고 주장하였다.[115]

조국현 의원은 헌법 제57조의 내우외환 등에 대한 대통령의 긴급조치에 계엄령이 포함될 경우, 계엄령도 국회의 승인을 받아야 한다는 입장이었다. 그는 57조의 조문은 계엄령도 국회의 승인을 얻어야 한다는 뜻으로 충분히 해석할 수 있으므로 21조에서 「비상」두 자를 삭제하여 비상계엄과 함께 경비계엄도 국회의 승인을 받게 하는 것이 타당하다고 주장하였다.[116]

장병만 의원은 상식적으로 생각해 볼 때, 비상계엄은 오히려 적국과의

---

112) 「계엄법안 제2회 독회」, 국회사무처, 『제5회 국회임시회의속기록』제25호 (1949.10.27), 492~493쪽.
113) 위와 같음.
114) 위와 같음.
115) 위와 같음.
116) 「계엄법안 제2회 독회」, 국회사무처, 『제5회 국회임시회의속기록』제25호 (1949.10.27), 494쪽.

싸움이나 전쟁시에 시행되어 "군기(軍機)에 비밀"이 있는 관계로 국회가
모를 수도 있지만, 경비계엄에서 '실지사항은 국회의원이나 지방주민, 그
리고 군에서 잘 알 수 있다'고 지적하였다.[117] 따라서 그는 국회의원 등
이 경비계엄에 대해 '여러 가지 사태가 어떻다는 것을 잘 협의해서 해제'
할 수 있다고 지적하면서 오히려 계엄법안 작성에서 "군부나 법제처에서
말을 뒤바꾸어서 냈다"고 밝혔다.[118] 곧 비상계엄은 국회의 계엄해제권
이 없어도 무방하지만, 경비계엄에 대해서는 국회에서 확실히 해제시킬
수 있어야 된다고 주장하였다.[119]

조헌영 의원은 제21조 조항은 전부 삭제해야 하며 존치시킬 경우에는
비상 대신에 계엄을 넣는 것이 옳다고 역설하였다. 그는 비상계엄은 전
쟁상태 또는 준 전쟁상태에 시행되므로 국회가 계엄시행에 대해 "하지
말라 할 필요 없다"고 주장하였다.[120] 그는 이에 비해 경계계엄, 곧 경비
계엄은 "사태가 경한 것"으로서 '어떤 경우는 계엄을 해야 하거나 계엄을
안하고 견딜만한 그런 경우'도 발생할 수 있기 때문에 국회가 개입할 필
요가 있다고 지적하였다.[121] 곧 국회가 '계엄까지 안가도 할 수 있는 사
태에 왜 계엄을 하느냐, 계엄을 풀고 적당히 처리해라 이런 요구를 할 필
요가 있는 때'가 경계계엄이라는 것이었다. 그는 국회에서 경비계엄의
해제를 요구할 경우는 있지만, 비상계엄의 해제를 요구할 수 있는 경우
는 적다고 강조하였다.[122] 그는 결론적으로 21조에서 국회의 통제를 받
지 않고 경비계엄을 '얼마든지 마음대로 할 수 있다'는 조항을 넣은 것은
문제이며, 나아가 비상계엄과 경비계엄에 대해 "구별"을 두면, "편리를

117) 「계엄법안 제2회 독회」, 국회사무처, 『제5회 국회임시회의속기록』 제25호
    (1949.10.27), 495쪽.
118) 위와 같음.
119) 위와 같음.
120) 위와 같음.
121) 위와 같음.
122) 위와 같음.

취해서 경계계엄이 자꾸 될"수 있으므로 국회의 계엄해제 요구를 비상계엄에 국한하지 말고 경계계엄까지 확대하는 것이 좋다고 역설하였다.[123]

이에 대해 최용덕 국방부 차관은 제21조는 국회가 비상계엄의 해제를 요구하면 대통령이 그대로 해제해야 한다는 뜻이라고 밝혔지만, 비상이라는 글자를 삭제하자는 주장에 대해서는 언급하지 않았다.[124] 최용덕은 국회가 대통령에게 비상계엄의 해제를 요구하는 권한의 실효성을 우려하는 것에 대해, 제21조에「국회가 비상계엄의 해제를 요구할 때에는 대통령은 이를 해제하여야 한다」는 조항이 뚜렷하게 있으므로 염려할 필요가 없다고 답변하였다.[125] 최용덕은 이전의 계엄법안에는 국회의 인준을 받아서 계엄을 발포하는 안이 있었지만, "경비와 준 계엄령에는 대통령이 권한을 가지고 하는 것이 신속성이 있지 않을까 해서 이것을 넣은 것"이라고 밝혔다.[126]

계엄법안 21조에서 국회의 계엄해제 요구권을 확대하는 문제는 2회 독회 축조심의 과정에서도 쟁점이 되었다. 국방부차관 최용덕은 '계엄해제는 비상사태에서 군사상 또는 공공의 안녕 질서를 유지하기 위해 실시하는 계엄선포의 목적 달성이라는 객관적인 요건이 구비되어야 해제를 요구할 수 있다'고 주장하였다.[127] 그는 계엄실시 중 계엄사령관이 군사에 관한 행정 및 사법사무만을 장악하는 경비계엄에 대해서도 국회가 해

---

123) 위와 같음.
124) 박해정 의원이 다시 "비상이라는 것을 빼고 그냥 계엄이라고 하면 좋지 않어요"라고 질의하자, 최용덕 국방부 차관은 "네 - 네…"라고 답변했다.「계엄법안 제1회 독회」, 국회사무처,『제5회 국회임시회의속기록』제19호(1949.10.12), 384~385쪽.
125)「계엄법안 제1회 독회」, 국회사무처,『제5회 국회임시회의속기록』제19호(1949.10.12), 389쪽.
126)「계엄법안 제1회 독회」, 국회사무처,『제5회 국회임시회의속기록』제19호(1949.10.12), 385쪽.
127)「계엄법안 제2회 독회」, 국회사무처,『제5회 국회임시회의속기록』제25호(1949.10.27), 493~494쪽.

제 요구권을 확보하는 것은 부당하며, 군의 작전행동이 항상 입법기관의 제약을 받게 되어 목적을 달성하는데 대단히 지장이 많다고 강조하였다.[128] 그는 국회가 군의 모든 행동을 너무 제한하면 군의 일이 사실상 어렵기 때문에 비상계엄만을 국회의 인준을 받도록 했다고 밝혔다.[129]

법제사법위원장 백관수는 주로 법률적인 측면에서 제21조의 원안을 존치시킬 것을 주장하였다. 백관수는 21조에서 비상이라는 문자를 삭제하자는 것이 일리도 있지만, 법률은 조리가 있고 또 선후두미가 모두 대조되어야 한다는 입장에서, 제5조를 보면 21조에 비상이라는 글자를 삭제할 수 없다고 지적하였다.[130] 곧 5조 원안에서,「대통령이 비상계엄을 선포하였을 때 또는 추인하였을 때」라고 운운한 것은 특별히 비상계엄에 대해 언급한 것이며, 그러므로 21조에서「국회가 비상계엄의 해제를 요구할 때에는」라고 운운하였다고 밝혔다. 따라서 법의 조리나 선후두미 등 여러 가지를 보더라도 비상이라는 문자를 삭제하는 것은 옳지 않다고 강조하였다.[131] 결국 21조에서 비상 두 글자를 삭제하자는 박해정 의원의 수정안은 논란 끝에 거수 표결에 부쳐져 재석인원 119명 가운데 찬성 72표, 반대 7표로 가결되어 계엄법에 최종 반영되었다.

4) 대통령 계엄선포와 국회 통고의 중간론

제3안은 법제사법위원회의 원안 찬성입장으로서 대통령의 계엄선포 권한과 국회의 역할을 절충하려는 입장이다. 곧 대통령의 계엄선포 후 국회통고를 내용으로 하는 일종의 중간론이다.

---

128) 위와 같음.
129) 위와 같음.
130)「계엄법안 제2회 독회」, 국회사무처,『제5회 국회임시회의속기록』제25호 (1949.10.27), 495쪽.
131) 위와 같음.

조헌영 의원은 먼저 제5조에 대한 수정안 두 가지가 결과는 마찬가지라고 주장하였다. 곧 21조에 국회가 계엄령 해제를 요구할 경우, 대통령은 계엄령을 해제하도록 되어 있으므로 '승인을 안 해주어서 계엄령을 해제하거나 또는 우리가 계엄령을 해제해 달라고 결의하는 것이나 결과에 있어서 계엄령을 해제하는 것은 마찬가지'라는 입장이었다.[132] 다시 말해, '계엄령 선포는 대통령의 권한이므로 대통령에게 원칙적으로 권한을 주어 선포나 해제하도록 하고, 계엄령이 필요 없어 국민 전체나 국회가 풀어달라고 하여 해제하면 결과는 마찬가지'라는 것이었다.[133]

조헌영 의원은 김장렬 의원의 수정안에 따르면, 계엄령 선포 권한이 거의 국회에 있다고 밝혔다. 그는 현지 사령관이 계엄령을 선포하면 대통령이 추인하는데 국회에서 다시 추인하는 권한을 요구한다면, 결국 대통령은 국회가 추인하는 과정에서 "중간 연락임무"밖에 없다는 것이었다.[134] 곧 김장렬 의원의 수정안에 따르면, 국회가 계엄을 추인하기 때문에 결과적으로 '법적 정신에 있어서 계엄령을 선포하는 권한은 국회가 가졌다'고 지적하였다.[135] 그는 결과가 동일하기 때문에 원안대로 대통령에게 계엄령을 선포하는 권한을 주고, 현지에서 긴급할 경우에는 현지

---

132) 조헌영 의원은 김장렬 의원안에 찬성하지만, 그의 안도 원안과 똑같은 것이라고 강조하였다. 그는 57조에 의거해서 원안이 나왔고 김장렬 의원의 수정안은 57조에 전부 의거한 것이라고 주장하였다. 그는 여기에서 주목할 만한 것은 국회가 승인하지 않을 때 대통령은 계엄해제를 선포해야 하는 것이 원안과 다른 것이라고 주장하였다. 그는 "57조 해석을 볼 것 같으면 이것이 없더라도 넉넉히 해나가는 것을 구태여 이 5조 수정안 2항에 이것을 넣는가 안 넣어도 좋지 않을까 생각하기 때문에 김장렬 의원의 수정동의와 원안 동의는 죄다 합작해 가지고서 제2항이 되고 그것만 없앤다고 하면 원안을 찬성해도 좋고 김장렬 의원의 수정안을 찬성해도 좋다고 생각하기 때문에 나는 둘 다 찬성"을 하는 입장이라고 밝혔다.「계엄법안 제2회 독회」, 국회사무처,『제5회 국회임시회의속기록』제24호(1949.10.26), 475쪽.

133) 위와 같음.

134) 위와 같음.

135) 위와 같음.

사령관이 계엄령을 선포하고 대통령의 승인을 받으며, 이에 대해 국회의 결의로서 해제하는 것이 헌법정신에 맞으므로 원안이 좋다고 역설하였다.[136]

박해길 의원도 중간론의 입장에서 원안을 지지하였다. 그는 정광호 의원의 제안은 국회를 경시하는 경향이 있고, 김장렬 의원의 제안은 국회를 너무 중대시하는 경향이 있다고 지적하면서 원안을 찬성한다고 밝혔다. 그는 먼저 21조에서 비상 두 글자를 삭제하자는 정광호 의원의 제안이 불편한 이유를 다음과 같이 설명했다.[137] 그는 계엄은 대통령이 국가의 전쟁이나 사변, 적에게 포위되는 시급한 때에 선포한다고 전제하면서, 국회가 '민족의 자유를 구속하는 계엄의 내용이나 실시이유를 모른다면, 민중에 대해 할 일이 없고 국회의원 자신도 불행한 일이 생길 수 있다고 주장하였다. 그는 이러한 이유에서 전부 삭제하자고 하는 수정안을 반대한다고 밝혔다.[138]

박해길 의원은 또 계엄선포에 대해 국회의 승인을 얻어야 한다는 김장렬 의원의 제안에 반대하는 이유도 내놓았다. 그는 어느 국가나 전쟁이나 사변이 일어나 계엄을 선포할 때 반드시 헌법에 의거하여 국회의 동의를 얻어야 하며, 국회가 대통령에게 이미 전쟁의 실시를 동의한 이상, 그 모든 책임은 대통령에 있다고 강조하였다.[139] 그는 그럼에도 국회가 전쟁을 완수하려고 실시하는 계엄에 대해 다시 찬성이나 반대를 하다가 만약 전쟁에서 승리하지 못한다면, 그 책임이 국회의원 또는 대통령이 어디에 있는가 라고 지적하였다.[140]

---

136) 위와 같음.
137) 「계엄법안 제2회 독회」, 국회사무처, 『제5회 국회임시회의속기록』 제24호 (1949.10.26), 476쪽.
138) 위와 같음.
139) 위와 같음.
140) 위와 같음.

따라서 박해길 의원은 계엄을 실시할 때 국회의 승인을 거칠 경우, 동의에 필요한 시간문제도 있고, 또 대통령은 계엄을 실시해야 전쟁이나 사변에 대응할 수 있는 상황에서 국회의 승인만을 기다린다면, 그 책임은 국회가 져야 한다고 주장하였다.[141] 그는 국회가 대통령에게 계엄령 발포와 전쟁 수행에 대한 동의권을 주었다면 "전쟁에 승리 여하"는 대통령을 믿고 맡겨야 하며, 국회는 단순히 감시를 위해 통고를 받는 것으로 충분하고 사전 승인을 받아 계엄을 실시하는 것은 타당하지 않다고 역설하였다.[142] 그는 원안 중에 제일 중요한 것은 국가의 입장에서 민족의 자유를 속박하는 계엄이 실시되는 것을 몰라서도 안 되기 때문에 "중간을 취해가지고 국가의 대통령이 계엄을 실시한 그것만을 우리가 알고 이 계엄이 잘되나 못되나 우리가 감시를 해야 되지 그냥 무책임하게 있는 것은 불가하다"[143]고 강조하였다.

사실 이러한 주장은 법제사법위원회의 원안을 지지하는 입장으로서 대통령의 독자적인 계엄 선포론과 국회의 승인론을 절충한 안이었다. 계엄법안 심의 과정에서, 백관수 위원장은 "통고문제, 통고에 대해서 대통령 권한에 관계있느냐"는 질의가 있지만, 헌법에 "국회에 통고한다는 그런 말은 없"다고 강조하였다.[144] 그러나 "계엄법을 선포한 후에 국회에서 전연 관계할 수 없다고 하는 것은 좀 여러 가지로 우리가 생각할 문제라고 생각"하여, 제5조에 "「대통령이 비상계엄을 선포 또는 추인하였을 때에는 지체 없이 국회에 통고하여야 한다」"는 조문이 포함되었으며, 이 조문은 제21조와 "대조되는 조문"이라고 밝혔다.[145] 곧 21조에 '국회가

---

141) 「계엄법안 제2회 독회」, 국회사무처, 『제5회 국회임시회의속기록』 제24호 (1949.10.26), 477쪽.
142) 위와 같음.
143) 위와 같음.
144) 「계엄법안 제1회 독회」, 국회사무처, 『제5회 국회임시회의속기록』 제19호 (1949.10.12), 390쪽.
145) 위와 같음.

비상계엄의 해제를 요구할 때에는 대통령은 이를 해제하여야 한다는 조문이 있는 까닭에 통고하여야 한다고 하는 것이 대조적으로 되는 것'이라고 설명하였다. 곧 "만일 통고하여야 한다고 하는 것이 없고 다만 대통령 권한분이든지 국회에 통고할 필요가 없다고 할 것 같으면 11조에 대통령은 이를 해제하여야 한다는 그 책임조건이 나오지 않"는다고 말하였다.[146] 곧 "제5조의 통고문제와 21조의 대통령은 이를 해제하여야 한다"는 조문은 "대조된 법안"[147]이라고 강조하였다.

4. 계엄사령관의 예외적 집행권력의 범위와 한계

1) 임시 계엄선포권자의 인원과 권한

법제사법위원회 계엄법안 제6조에서는 교통 통신의 두절로 대통령의 계엄선포를 기다릴 여유가 없을 때에는 당해 지방의 관할하는 군사책임자가 임시로 계엄을 선포할 수 있도록 규정하고 있다.[148] 이 조항은 전시나 평시에 공격을 받거나 통신이 단절될 경우에 해당 지역 사령관이 임시로 계엄을 선고할 있도록 규정한 일제 계엄령(제4조, 5조)을 모방하여 기초한 것으로 보인다.[149] 국회 심의과정에서 쟁점이 된 부분은 계엄

---

146) 위와 같음.
147) 위와 같음.
148) 「법제사법위원회 계엄법안」, 국회사무처, 『제5회 국회임시회의속기록』 제19호(1949.10.12). 제6조에서 계엄을 임시로 선포할 수 있도록 규정한 군사 책임자는 1. 특명의 사령관, 2. 군사령관, 3. 사단장, 4. 병단장, 5. 요새사령관, 6. 위수사령관인 독립 단대장, 7. 함대사령장관, 8. 함대사령관, 9. 통제부사령장관, 10. 경비부사령관, 11. 전 각호의 제관과 동등 이상의 권한을 지닌 군대지휘관이었다.
149) 「계엄령」, 조선총독부 편찬, 앞의 책, 7~8쪽 참조.

을 임시로 선포할 수 있는 군사책임자의 범위였다.

조국현 의원은 계엄법안 제6조에 규정된 임시 계엄선포권자, 곧 교통 통신이 두절되어 대통령의 계엄선포를 기다릴 여유가 없을 때 임시로 계 엄을 선포할 수 있는 군사책임자가 너무 광범하므로 그 인원과 권한을 축소할 것을 주장하였다.[150] 그는 '너무 광범위하게 여러 사람에게 권리 를 맡겨놓으면 계엄을 선포할 가능성 높다'고 지적하였다. 특히 그는 '전 남 같은 곳은 계엄법이 통과되면 오늘이라도 선포하지 않는다고 누구도 보증 못할 것'이라고 강조하면서 인원과 권한을 축소해야 한다고 역설하 였다.[151]

이에 대해 국방부차관 최용덕은 비록 제6조에 군사책임자가 임시로 계엄을 선포할 수 있도록 규정했지만, 기본적으로 "대통령이 계엄법을 선포할 권리가 있다는 것을 생각"해야 한다고 답변하였다.[152] 그는 군사 책임자들이 필요한 시기에 부득이 임시로 계엄을 선포하더라도 추인을 받아야 하며, 추인이 안 될 경우에는 곧 해제하라는 취지를 생각해야 한 다고 강조하였다.[153] 또한 임시로 계엄을 선포할 수 있는 군사책임자 규 모는 육해공군의 군 사령관을 생각한다면 많은 숫자가 아니라고 말하였 다.[154]

2) 군법회의의 사형판결 확인에 대한 위임

법제사법위원회 계엄법안 제19조에서는 군법회의에서 언도한 사형판

---

150) 「계엄법안 제1회 독회」, 국회사무처, 『제5회 국회임시회의속기록』 제19호
     (1949.10.12), 382쪽.
151) 위와 같음.
152) 「계엄법안 제1회 독회」, 국회사무처, 『제5회 국회임시회의속기록』 제19호
     (1949.10.12), 382쪽.
153) 위와 같음.
154) 위와 같음.

결의 확인에 대해 대통령이 필요할 경우 계엄사령관에게 위임할 수 있도록 규정하였다.[155] 이러한 조항의 내용은 원래 외무국방위원회안이나 일제 계엄령에 들어있지 않지만, 정부나 군 당국이 여순사건을 경험하면서 신속한 사형판결의 확인과 집행을 위해 포함시킨 것으로 보인다.

군법회의에서 사형판결을 받은 사람들에 대한 확인을 계엄사령관에게 위임하는 문제는 중요한 사안이었다. 군법회의에서 언도한 사형판결에 대한 확인은 일종의 최종 결재나 재가를 의미하며, 이는 일반적으로 대통령의 권한이었다. 국회 심의과정에서 국회의원들은 여순사건 군법회의에서 이루어진 대량의 사형판결과 처형을 고려하여 대통령의 사형판결 확인의 위임이 사형판결과 처형의 남발로 연결될 것을 매우 염려하였다.

황두연 의원은 계엄법안 제19조에서 대통령의 사형판결 확인을 계엄사령관에게 위임할 수 있는 조항에 대해 문제를 제기하였다. 그는 사형판결에 대한 위임 조문이 계엄법에 명문화될 경우 계엄지구 군법회의에서 사형판결이 남용되는 것을 우려하였다. 그는 "지금까지 우리가 알고 있는 것은 계엄지구에 있어서 혹은 군사재판을 완전히 받아가지고 사형을 한 것도 있고 어떤 때는 지금 계엄령이 해제되어 가지고 있는 그러한 지구에도 좌익혐의라든지 혹은 민간의 모략을 받아 가지고 직결처분이라고 하는 것이 있었다고 하는 것을 우리가 대개 짐작하고 있"다고 지적하였다.[156] 그는 "앞으로 이 계엄령이 완전히 성립된 후에는 그 직결처분이라는 것은 그때도 있을 것인가 전연 없어질 것인가. 이것을 똑똑히 말씀해 주시면 좋겠"다고 질의하였다.[157]

---

155) 「법제사법위원회 계엄법안」, 국회사무처, 『제5회 국회임시회의속기록』제 19호(1949.10.12).
156) 「계엄법안 제1회 독회」, 국회사무처, 『제5회 국회임시회의속기록』제19호 (1949.10.12), 386쪽.
157) 위와 같음.

대통령이 군법회의에서 언도한 사형판결의 확인을 계엄사령관에게 위임하는 문제는 제2회 독회 축조심의에서도 주요 쟁점이 되었으며, 김장렬 의원 외 12명은 19조를 전문을 삭제하자는 수정안을 제출하였다. 김장렬 의원은 '사람의 생명이 중요하고, 사람을 살리고 죽이고 하는 것은 대단히 중대한 문제인 만큼 사형을 집행하는 것을 계엄지대 계엄사령관에게 맡기지 말자'고 제안하였다.[158] 결국 국회는 19조 원안과 19조 수정안을 놓고 가부 표결을 벌였으나, 원안과 수정안 모두 두 차례의 거수표결에서 정족수 부족으로 미결되어 폐기되었다.

3) 계엄의 효력과 군사에 관한 행정 · 사법사무의 한계

법제사법위원회 계엄법안 제10조와 11조는 계엄사령관의 군사에 관한 행정 및 사법사무의 관장범위를 규정하고 있다. 곧 경비계엄 때에 군사에 관한 행정사무와 사법사무(제10조), 비상계엄 때에는 모든 행정사무 및 사법사무(제11조)를 관장하는 권한을 계엄사령관에게 부여하고 있다.[159] 이 조항의 내용은 기존 외무국방위원회안에도 포함되어 있었으며, 계엄법안 기초과정에서 일제 계엄령을 모방하여 작성한 것으로 보인다.

일제 계엄령을 보면, 계엄사령관은 임전지경에서는 군사에 관계있는 지방행정 및 사법사무(제9조), 합위지경에서는 지방행정 및 사법사무(제10조) 일반을 관장하는 권한을 위임받도록 규정하고 있다.[160] 여기에서 임전지경과 합위지경이 각각 경비계엄과 비상계엄의 의미를 지니고 있고, 행정사무와 사법사무라는 용어를 그대로 사용하고 있는 점을 고려할

158)「계엄법안 제2회 독회」, 국회사무처, 『제5회 국회임시회의속기록』 제24호 (1949.10.26), 488쪽.
159)「법제사법위원회 계엄법안」, 국회사무처, 『제5회 국회임시회의속기록』 제19호(1949.10.12).
160)「계엄령」, 조선총독부 편찬, 앞의 책, 7~8쪽 참조.

때, 계엄사령관의 관장 권한도 일제 계엄령을 모방하여 조문한 것으로 보인다.

국회가 계엄법 원안 제10조와 11조를 심의할 때 쟁점이 되었던 부분은 계엄사령관의 행정과 사법사무에 대한 관장의 범위를 어떻게 규정하는가 하는 문제였다. 박해정 의원은 계엄의 효력을 규정한 계엄법안 제10조·11조에서 계엄사령관이 경비계엄의 경우, 군사에 관한 행정사무와 사법사무를 관장하고, 비상계엄 시에는 모든 행정사무와 사법사무를 관장한다는 규정이 모호하고 구별되지 않으므로 업무한계를 구체적으로 명확히 해야 한다고 주장하였다.[161] 곧 첫째 비상계엄 때는 '일체(一切) 행정사무와 사법사무를 관장한다고 했지만 일체의 행정사무와 사법사무가 어디까지인가', 둘째, '경비계엄 상태에서 군사에 관한 행정사무와 사법사무를 어떻게 구별하고 어디까지인가'에 대해 구체적으로 제시해야 한다고 강조하였다.[162] 그는 계엄의 효력에서 행정과 사법사무의 한계를 구체적으로 규정하지 않으면, "결국 비상계엄이나 경비계엄이나 마찬가지"이며, '경비계엄을 한다 하더라도 나중에는 비상계엄으로 돌아갈 우려'가 있다고 비판하였다.[163]

계엄법안 제2회 독회 축조심의 과정에서도 박해정 의원은 계엄법에서 경비계엄과 비상계엄이 법문상 이론상 다르지만, 실지 경비계엄과 비상계엄의 효력은 막연하여 구별하기 대단히 곤란하다고 지적하였다.[164] 그는 계엄사령관이 비상계엄 시에 계엄지구내의 군사에 관한 행정사무와

---

161) 「계엄법안 제1회 독회」, 국회사무처, 『제5회 국회임시회의속기록』 제19호 (1949.10.12), 383쪽.
162) 위와 같음.
163) 「계엄법안 제1회 독회」, 국회사무처, 『제5회 국회임시회의속기록』 제19호 (1949.10.12), 383~384쪽.
164) 「계엄법안 제2회 독회」, 국회사무처, 『제5회 국회임시회의속기록』 제25호 (1949.10.27), 493쪽.

사법사무를 관장하게 되었는데, 군사에 관한 사법사무는 이론상으로는 일체 행정사무 및 사법사무를 관장하는 비상계엄과 다르지만, 실제로 군사에 관한 행정사무의 범위가 어디까지인지 알 수 없으며, 이를 넓게 해석할 경우는 "어디까지도 널리 할 수 있다"[165]고 비판하였다. 그는 특히 '경비계엄의 선포로서 비상계엄 선포와 같은 효력을 가지고 일반 행정사무와 사법사무를 관장하게 되어 비상계엄과 그다지 다름없는 결과가 일어날 수 있다'[166]고 우려하였다.

이에 대해 최용덕 국방부차관은 군사에 관한 행정사무는 "용병작전하기 위해서 되는 그만한 한도의 것을 지칭"하는 것이며, "一切이라는 것은 모든 것이 다 들어가는 것"[167]이라고 답변하였다. 그는 또 구체적인 사무는 계엄령을 발포한 사령관이 실시할 수 있다고 덧붙였다.[168]

4) 계엄사령관의 행정·사법기관의 지휘 감독

법제사법위원회 계엄법안 제12조는 계엄사령관의 행정·사법기관에 대한 지휘 감독을 규정하고 있다. 곧 경비계엄과 비상계엄 선포 시에 당해 지역 내의 행정기관 또는 사법기관은 지체 없이 계엄사령관의 지휘감독을 받도록 의무화하고 있다.[169] 이 조항은 계엄(임전지경이나 합위지경)을 선포할 경우, 지방관 등은 신속하게 해당 사령관의 지휘를 받도록 규정한 일제 계엄령(제9조, 10조)을 모방한 것으로 생각된다.[170] 국회의

---

165) 위와 같음.
166) 위와 같음.
167) 「계엄법안 제1회 독회」, 국회사무처, 『제5회 국회임시회의속기록』 제19호 (1949.10.12), 384쪽.
168) 위와 같음.
169) 「법제사법위원회 계엄법안」, 국회사무처, 『제5회 국회임시회의속기록』 제19호(1949.10.12).
170) 「계엄령」, 조선총독부 편찬, 앞의 책, 7~8쪽 참조.

심의과정에서 쟁점이 된 부분은 계엄사령관의 지휘감독의 범위와 수준
이었다.

국방부차관 최용덕은 조국현 의원의 질의에 대한 답변에서, 계엄법안
제12조에 규정된 내용, 곧 계엄시 당해 지역 내의 행정기관 또는 사법기
관은 지체 없이 계엄사령관의 지휘감독을 받는다는 조항에 대해 다음과
같이 말하였다. 그는 '물론 계엄령을 내린 뒤에 모든 행정기관은 지휘감
독을 받지만, '일제시대 군국주의에서 군대가 있을 때의 정치와 지금 민
주시대의 정치가 확실히 달라졌다'고 강조하면서, "지휘감독만 할 뿐이지
그 행정 기관에 대해서 간섭이 없는 것을 알아주시기 바"란다고 답변하
였다.171)

이에 대해 이진수 의원은 계엄법안 10조, 11조의 정신을 보면 행정 사
법을 관장하는 것으로, 12조는 지휘감독을 하는 것으로 규정되어 있어
해석이 명확하지 않다고 지적하였다. 그는 특히 "장리하고 지휘감독하면
행정이나 사법에 대한 간섭을 할" 우려가 있으며, 간섭하지 않는다는 차
관의 답변은 해득할 수 없다고 비판하였다.172) 국방부 차관은 다시 10~11
조에서 계엄사령관이 계엄지역내의 모든 행정사무 및 군법사무를 관장
하고 지휘 감독한다는 말은 "용병작전을 위해서 특별한 계엄지대에 있어
서 지휘감독"을 하는 것이라고 설명하였다.173) 그는 "군복 입은 그 사람
들이 행정기관을 물리치고 그것을 맡아서 하지나 않을까 염려하시지만
계엄령이 나고 군사작전을 위해서 군인이 부족한데 어떻게 행정기관까
지 맡겠습니까"라고 반문하였다.174)

---

171) 「계엄법안 제1회 독회」, 국회사무처, 『제5회 국회임시회의속기록』 제19호
    (1949.10.12), 382쪽.
172) 「계엄법안 제1회 독회」, 국회사무처, 『제5회 국회임시회의속기록』 제19호
    (1949.10.12), 385쪽.
173) 위와 같음.
174) 위와 같음.

5) 계엄종류의 변경 문제

법제사법위원회 계엄법안 제8조에서는 선포된 계엄은 그 지역 또는 종류를 변경할 수 있도록 규정하고 있는데,[175] 이 조항도 국회심의 과정에서 쟁점이 되었다. 일제 계엄령 제8조에서도 이전에 포고한 계엄의 종류, 곧 임전 또는 합위지경의 구획을 개정할 수 있도록 규정하고 있다.[176]

박해정 의원은 계엄법안 제8조에서 계엄의 지역이나 종류를 변경할 수 있도록 한 조항에 문제가 많다고 지적하였다. 그는 첫째 경비계엄과 비상계엄은 서로 개념이나 내용이 다르므로 계엄 종류를 변경해서는 안 된다고 주장하였다.[177] 예를 들어 경비계엄을 실시한 지역에서 비상계엄이 필요한 경우에는 새로이 비상계엄을 선포해야 하며, 단순히 비상계엄으로 계엄종류를 변경하는 것은 안 된다고 강조하였다. 그는 계엄지역을 변경하는 것은 모르겠지만, 계엄종류를 변경한다는 것은 근본적으로 다른 개념이라는 입장이었다.[178] 나아가 비상계엄을 선포할 경우에는 제5조에 따라 국회에 통고하게 되지만, 계엄의 종류를 변경할 경우에는 '국회가 통고를 받지 않은 비상계엄'이 될 우려가 있다고 비판하였다.[179]

이에 대해 국방부차관 최용덕은 "경비는 지역적으로 계엄의 준비적인 것"이며, "비상이라는 것은 좀 실질적으로 들어가서 되는" 것으로서, 종류의 변경은 "경비로서 비상으로 들어가게 되는 이때를 이야기 한 것"이라고 답변하였다.[180]

---

175) 「법제사법위원회 계엄법안」, 국회사무처, 『제5회 국회임시회의속기록』 제19호(1949.10.12).
176) 「계엄령」, 조선총독부 편찬, 앞의 책, 7~8쪽 참조.
177) 「계엄법안 제1회 독회」, 국회사무처, 『제5회 국회임시회의속기록』 제19호(1949.10.12), 384쪽.
178) 위와 같음.
179) 위와 같음.
180) 위와 같음.

6) 임시계엄 추인의 시간제한

법제사법위원회 계엄법안 제7조에서는 임시로 계엄을 선포한 자는 지체 없이 국방부장관에게 상신하여 대통령의 추인을 받아야 하며, 대통령이 추인하지 않을 때는 즉시 해제를 선포하도록 규정하고 있다.[181] 일제 계엄령 제4조와 5조에서도 전시나 평시에 갑작스런 공격을 받거나 상황이 절박한 경우에 임시로 계엄을 선고할 수 있도록 규정한 조항이 있다.[182] 국회 심의 과정에서는 임시라는 시간적 범위와 기간이 주요 쟁점이 되었다.

박찬현 의원은 계엄법안 제7조, 곧 임시계엄을 선포한 이후 대통령의 추인을 받는 조항에 대해 "시간적인 제한을 삽입할 필요"가 있다고 주장하였다. 그는 대통령이 추인이나 해제 통고 등의 조치를 취하지 않고 시간이 지나가면, 그 사이에 계엄이 일반 민중에 미치는 영향이나 피해가 크다고 지적하였다.[183] 그는 제7조에 "대통령이 급속히 추인을 한다든지 혹은 추인의 상신이 있을 때에는 1일 이내에 한다든지 몇 시간 이내에 한다든지 이러한 어떠한 제한을 가할 필요"가 있다고 강조하였다.[184]

정광호 의원도 "임시라고 하면 대단히 그 날짜가 막연해서 앞으로 그 현지사령관의 계엄 선포가 너무 빈발이 되어 가지고 우리 국민에게 많은 고통을 줄 염려가 있"다고 비판하였다.[185] 그는 "임시 계엄선포 한다는 데에 대해서 명확한 무슨 기한이라든지 또는 임시 계엄을 선포한 다음에

---

181) 「법제사법위원회 계엄법안」, 국회사무처, 『제5회 국회임시회의속기록』 제19호(1949.10.12).
182) 「계엄령」, 조선총독부 편찬, 앞의 책, 7~8쪽 참조.
183) 「계엄법안 제1회 독회」, 국회사무처, 『제5회 국회임시회의속기록』 제19호(1949.10.12), 386~387쪽.
184) 위와 같음.
185) 「계엄법안 제1회 독회」, 국회사무처, 『제5회 국회임시회의속기록』 제19호(1949.10.12), 387쪽.

대통령에게 어떠한 참 추인을 받는다든지 무슨 이러한 조치도 없이 막연히 다수히 임시 계엄만 선포한다면 이런 것이 대단히 모호하다"다고 지적하였다.[186]

법제사법위원회가 계엄법안 7조에서 언급한 "임시"의 의미는 계엄법안 6조에 제시한 "임시"의 내용과 연결되어 있다. 국방부차관 최용덕은 계엄법안 제6조에 규정된 내용, 곧 "군사책임자가 임시로 계엄을 선포할 수 있다"는 조항에서, 임시는 "대통령이 인준하기 전 그만한 「임시」라고" 답변하였다.[187]

법제사법위원장 백관수는 계엄법안 제6조에서 규정한 임시는 "대통령이 계엄의 선포를 준비하는 중에 먼저 임시라도 해야 되겠다, 긴급 필요할 때에 해야 되겠다, 그 말이지 특별한 해석이 없"다고 밝혔다.[188] 또 제7조에서 「지체 없이....추인을 받아야 한다」는 조항에 대해, "지체 없다고 하면 즉, 곧 이라고 하는 말이니까, 그것은 시간의 여유를 두지 않는 것"이라고 해석하였다.[189]

7) 계엄사령관의 군법회의 재판 관할권

법제사법위원회 계엄법안 제16조에서는 비상계엄 지역에 죄를 범한 자는 군법회의에서 재판하도록 규정하고 있고, 군법회의가 재판하는 범죄의 종류도 구체적으로 열거하고 있다.[190] 여기에 국가안보와 관련된

---

186) 위와 같음.
187) 「계엄법안 제1회 독회」, 국회사무처, 『제5회 국회임시회의속기록』 제19호 (1949.10.12), 388쪽.
188) 「계엄법안 제1회 독회」, 국회사무처, 『제5회 국회임시회의속기록』 제19호 (1949.10.12), 390쪽.
189) 위와 같음.
190) 「법제사법위원회 계엄법안」, 국회사무처, 『제5회 국회임시회의속기록』 제19호(1949.10.12). 16조에 규정된 범죄는 1. 내란에 관한 죄, 2. 외환에 관한 죄,

범죄만이 아니라 일반 범죄도 포함되었다는 점을 고려하면, 군법회의의
재판 관할권은 광범하였다.

일제 계엄령 제11조에서도 합위지경에서 재판할 수 있는 범죄의 종류
를 제시하고 있는데, 계엄법안 제16조는 이러한 조문체제를 모방 또는
참조한 것으로 보인다. 계엄법안 제16조의 군법회의 재판 관할권에 대해
서는 제1회 독회에서도 논란이 되었고, 제2회 독회 축조심의에서도 쟁점
이 되어 여러 수정안이 제출되었다. 주요 쟁점은 16조에 규정된 범죄 종
류를 더 추가하는 문제였다.

조헌영 의원은 군법회의 재판 관할권을 규정한 계엄법안 제16조에서
"전기와 「까스」와 음파(音波)에 관계된" 범죄는 "경비계엄 때에는 제일
중요한 것"인데 제외한 것은 문제가 있다고 주장하였다.[191] 그는 계엄지
대에서 "전기를 가지고 명멸(明滅)을 한다든지 무슨 광선을 가지고 작란
(作亂)을 한다든지 또는 이 단파(短波)같은 것을 가지고 연락을 한다든지
이런 것을 취체"해야 하는데, 계엄법안에서 빠졌다고 비판하였다.[192] 그
는 아울러 이러한 범죄를 16조 24항의 「군사상 필요에 의하여 제정한 법
령에 규정된 죄」에 포함시킬 수 있는지에 대해 질의하였다.[193]

이진수 의원도 제2회 독회 축조심의 과정에서, 제16조에서 「전기 와사
(瓦斯)」에 대한 조항을 삽입하자는 의견을 내놓았다. 그는 '불순한 사람
들이 혼란한 계엄지구에서 와사를 사용하거나 전기 단파무전을 가지고

---

3. 국교에 관한 죄, 4. 공무집행을 방해한 죄, 5. 범인은닉 또는 증거인멸죄,
6. 소요죄, 7. 방화죄, 8. 일수에 관한 죄, 9. 음료수에 관한 죄, 10. 통화위조
죄, 11. 문서위조죄, 12. 유가증권위조죄, 13. 인장위조죄, 14. 위증죄, 15. 무
고죄, 16. 간음죄, 17. 살인죄, 18. 상해죄, 19. 체포 또는 감금죄, 20. 협박죄,
21. 절도 또는 강도죄, 22. 장물죄, 23. 훼기 또는 장닉죄, 24. 군사상 필요에
의하여 제정한 법령에 규정된 죄 등이었다.
191) 「계엄법안 제1회 독회」, 국회사무처, 『제5회 국회임시회의속기록』 제19호
(1949.10.12), 387쪽.
192) 위와 같음.
193) 위와 같음.

작란한 우려가 있기 때문에 전기 와사에 대한 내용을 삽입하자고 역설하였다.[194] 그는 다른 나라에서도 과학을 응용하여 계엄지구를 혼란시키는 예가 있기 때문에 계엄법에 전기 와사는 포함되어 있다고 지적하였다. 그는 또 우리나라에서 지방과 달리 전기 와사가 설비된 도시에 계엄법이 시행될 경우, "자연과학을 이용해 가지고 해를 끼치는 중대한 죄를 짓고도 그대로 묵살될 우려"가 있다고 강조하였다.[195] 그는 '전기 와사를 어떤 조항을 막론하고 대열(對列)을 법제사법위원회에 맡기기로 하고 반드시 넣자'고 주장하였다.[196]

국방부차관 최용덕은 1차와 2차 독회의 답변에서 군에서 「군용전기통신법」을 만들어 전기나 와사에 대한 것을 구체적으로 규정하고, 곧 국무회의에 내놓"을 예정이기 때문에 포함시키지 않았다고 설명하였다.[197]

정광호 의원은 제16조에 현재 중요한 항목, 곧 국가보안법에 위반된 항목은 제외되었다고 지적하면서, "계엄지구에서 국가보안법에 위반된 범죄자에 대해서는 군법회의에 부치지 않고 역시 일반법원에서 취급할 것인가"에 대해 답변해 줄 것을 요청하였다.[198] 이에 대해 국방부 차관 최용덕은 제16조 1호「내란에 관한 죄」에 국가보안법이 들어가며, 제24호「군사상 필요에 의하여 제정한 법령에 규정된 죄」에도 "여러 가지가 거기에 포함"되어 있다고 밝혔다.[199]

---

194) 「계엄법안 제2회 독회」, 국회사무처, 『제5회 국회임시회의속기록』 제24호 (1949.10.26), 481~482쪽.
195) 위와 같음.
196) 위와 같음.
197) 「계엄법안 제1회 독회」, 국회사무처, 『제5회 국회임시회의속기록』 제19호 (1949.10.12), 389쪽; 「계엄법안 제2회 독회」, 국회사무처, 『제5회 국회임시회의속기록』 제24호(1949.10.26), 482쪽.
198) 「계엄법안 제1회 독회」, 국회사무처, 『제5회 국회임시회의속기록』 제19호 (1949.10.12), 388쪽.
199) 「계엄법안 제1회 독회」, 국회사무처, 『제5회 국회임시회의속기록』 제19호 (1949.10.12), 389쪽.

정광호 의원 외 10명은 제2회 독회 축조심의에서 계엄법안 제16조 제1호에 「국가보안법위반죄」를 삽입하자는 수정안을 제출하였다.[200] 이에 대해, 서이환 의원은 수정안을 비판하고 16조 원안을 찬성하면서 국가보안법은 지적하여 열거할 필요가 전혀 없다고 지적하였다. 그는 국가보안법의 내용을 검토하면 16조에 열거되어 있는 내란에 관한 죄, 외환에 대한 죄, 소요죄, 살인죄, 방화죄 등과 같은 것이기 때문에 굳이 중복으로 삽입하여 조문을 첨가할 필요가 없다고 강조하였다.[201] 그는 원안을 심사할 때에도 그러한 주장이 많았지만, 절대 대다수의 위원들이 중복하여 규정할 필요가 없다고 해서 제외하였다고 밝혔다.[202]

이에 대해 다시 서우석 의원은 국가보안법은 16조에 열거한 죄목에 중복되기 때문에 다시 넣을 필요가 없다는 서이환 의원의 지적은 잘못되었다고 비판하고, 16조에 열거한 범죄의 종류(罪種)는 비상계엄을 유지하고 치안을 유지하는데 가장 필요하고 적절한 항목이라고 반박하였다.[203] 그는 "처벌의 범위를 넓히고 더 중(重)하게 처벌하기 위해서 국가보안법을 제정한 것"이므로 삽입할 필요가 있다고 강조하였다.[204] 그는 국가보안법에 '우리와 정치이념을 달리하는 정당 사회단체와 통모하여 국가를 전복하거나 그러한 단체를 조직하는 등의 행위를 처벌하는 규정이 기재되어 있다'고 주장하였다. 그는 비록 비상계엄 안에 포함되어 있더라도 국가보안법을 제외하면 거기에 해당하는 죄는 법률로 처벌하기 어려우므로 반드시 국가보안법 항목을 삽입할 것을 역설하였다.[205]

200) 「계엄법안 제2회 독회」, 국회사무처, 『제5회 국회임시회의속기록』 제24호 (1949.10.26), 480쪽.
201) 위와 같음.
202) 위와 같음.
203) 「계엄법안 제2회 독회」, 국회사무처, 『제5회 국회임시회의속기록』 제24호 (1949.10.26), 482쪽.
204) 「계엄법안 제2회 독회」, 국회사무처, 『제5회 국회임시회의속기록』 제24호 (1949.10.26), 482~483쪽.

황두연 의원은 계엄법안 16조에 횡령 및 배임죄를 하나의 조항으로 삽입할 것을 제안하였다. 그는 여순사건 당시 계엄지대의 형편을 언급하면서, 횡령 및 배임죄 조항을 추가하자고 주장하였다.[206] 그는 과거 계엄지대에서 시국대책위원회가 군경에 대한 보급을 빙자하여 민중에서 많은 금품을 모집하였지만, 중간에서 없어진 경우도 많았으며, 또 그 어려운 사태를 이용하여 여러 가지 착취나 배임에 관계된 범죄도 많이 발생했다고 지적하였다.[207] 그는 우리가 계엄지대에서 어려운 사태가 일어났을 때 항상 군경만을 공격했지만, 실제는 중간에서 군경을 빙자하여 횡령과 잘못을 저지르고 결국 허물은 군경에 넘어가 "민심이 이탈"하였다고 언급하였다. 그는 앞으로 이러한 문제를 방지하기 위해 「횡령 및 배임죄」 조항을 삽입할 것을 역설했으며, 이 동의는 표결에 부쳐져 가결되었다.[208] 이 조항의 추가는 군경이나 계엄당국의 불법적인 권력행사를 견제한다는 측면이 있지만, 무엇보다 여순사건의 경험이 반영된 결과라는 점에서 중요한 의미를 지닌다.

맺음말

제헌국회의 계엄법 제정은 제주 4·3사건과 여순사건을 통해 계엄령의 정치사회적 효과와 의미가 일정하게 학습된 조건에서 이루어졌다. 자연히 제헌국회에서 정부당국과 국회의원들은 서로의 입장을 가지고 계엄령의 수준을 조절하거나 통제하려고 노력하였다. 정부당국은 되도록

---

206) 「계엄법안 제2회 독회」, 국회사무처, 『제5회 국회임시회의속기록』 제24호 (1949.10.26), 481쪽.
207) 위와 같음.
208) 위와 같음.

205) 위와 같음.

계엄법의 수준과 규모를 극대화시켜 국가 위기 상황이나 사회 저항운동
에 효과적으로 대처하는데 주안점을 두었다. 이러한 차원에서 계엄법에
서 대통령의 권한이나 계엄사령관의 관할권을 확대하려고 하였다. 대통
령의 계엄선포권은 대통령의 독자적 권력이라는 점에서 계엄법의 강화
는 실제로 대통령의 비상권력, 예외권력의 확대를 의미하는 것이었다.

  제헌국회의 일부 의원들은 대통령 비상권력으로서 계엄법이 갖고 있
는 속성을 알고 있었기 때문에 국회 심의과정에서 대통령과 계엄사령관
의 권한을 통제하고 축소시키려고 하였다. 국회의원들은 제주 4·3사건
과 여순사건을 거치면서 이른바 계엄령을 앞세운 군부의 공포정치를 충
분히 경험하였다. 국회의원들은 대통령의 예외권력으로서 계엄법 권력
그 자체를 거부하지 않고 이를 국회의 통제 아래 두는데 역점을 두었다.

  제헌국회의 계엄법 심의과정에서 나타난 정치지형과 대립은 한국 계
엄법, 계엄령 제도의 성격과 특징을 일정하게 보여주고 있다. 국회의 계
엄법 심의과정에서 처음의 원안, 곧 법제사법위원회가 제출한 계엄법 대
안에 포함된 조항들이 폐기되거나 또는 새로운 조항이 추가되고 법안의
내용도 일정하게 수정되었다. 대표적으로 군법회의 단심제가 재심제로
바뀌고, 작전상 재산파괴나 손실에 대한 즉시 보상, 국회의원에 대한 불
체포 조항 등이 포함되면서 내용의 변화도 가져왔다. 새로운 변화의 결
과로서 국민의 생명 존중과 재판권, 그리고 재산권 보호와 같은 근대적
인권 개념과 가치가 일정하게 반영된 것은 일제 군국주의 계엄령과는 다
른 한국적 계엄법, 계엄령 제도의 특징이었다. 제헌국회는 일제 계엄령
제도를 기초로 계엄법 심의에 착수했으나, 논의과정에서 계엄법의 한국
화, 차별화를 일정하게 이루어 냈다.

  그럼에도 제헌국회의 계엄법 심의는 많은 한계를 안고 있다. 무엇보다
제헌국회에서는 계엄법, 계엄령 제도 그 자체가 갖는 의미와 문제점이 제
대로 논의되지 못했다. 제주 4·3사건과 여순사건에서 계엄령의 폭력성

과 전제성이 충분히 드러났음에도 대통령 긴급권력, 예외권력으로서 계
엄법이 반드시 필요한지에 대해 국회의원들은 거의 문제의식을 갖고 있
지 않았다. 헌법에 보장된 국민의 기본권을 무력화시키는 계엄법 13조는
논의나 토론 없이 원안 그대로 통과되었다. 국회의원들은 계엄법안 심의
에서 대통령의 권한 축소와 국회 통제 확보라는 권력경쟁에 집중하여 대
통령의 계엄법 권력이 초래할 수 있는 위험성을 제대로 보지 못했다.

　이러한 조건을 반영하여 제헌국회의 계엄법안 심의는 국민의 기본권
과 대통령 예외권력으로서 계엄법 권력 사이의 비대칭적 교환이라는 특
징을 지니고 있다. 국회의원들은 여순사건의 경험을 토대로 대통령의 계
엄법 권력이나 계엄사령관의 집행권력을 통제하려고 했으나, 만족할만
한 성과를 거두지 못했다. 비록 국회는 국민의 생명권과 인권, 재산권 등
을 일부 조항에 반영하였지만, 계엄법에서 대통령이나 그 대리인인 계엄
사령관의 자의적인 권력을 통제할 수 있는 장치를 충분히 포함시키지 못
했다. 자연히 제헌국회의 계엄법은 국민 기본권과 대통령의 계엄법 권력
사이에 비대칭적 불균형을 제도화시키고, 대통령의 계엄통치를 가능하
게 하는 출발점이 되었다.

제3장

제헌국회의 최종 계엄법

계엄령 제도의 한국화와 예외상태의 제도화

제헌국회의 최종 계엄법

계엄령 제도의 한국화와 예외상태의 제도화

머리말

해방 후 계엄법은 1948년 12월 제헌국회에서 처음 논의되기 시작하여 이듬해인 1949년 10월 27일 최종 확정되었다. 제헌국회의 계엄법 확정은 일제 계엄령과의 단절과 계승을 바탕으로 한국적 계엄령, 곧 계엄령의 한국화를 이루었다는 의미를 지니고 있다.

제헌국회에서 계엄법의 입법화는 한국적 계엄령의 수용과정에서 나타나는 특징을 보여주고 있다. 제헌국회에서 계엄령의 제정논의는 처음에 일제 계엄령을 모델로 시작되었다. 이 과정에서 서구 국가의 계엄령 제도, 여순사건으로 대표되는 한국적 경험 등이 반영되면서 일제 계엄령과는 일정하게 차별적인 한국적 계엄령제도가 주조되었다.

최종 계엄법 확정은 한국에서 계엄령의 제도의 입법화라는 법률적 의미만이 아니라 대통령의 예외권력인 계엄령 권력의 제도화를 상징적으로 보여주는 조치였다. 제헌국회의 계엄법은 제주 4·3사건이나 여순사건과 같은 내전상황에서 대통령의 비상권력, 예외권력의 제도화를 기반으로 체제에 대한 도전을 차단하고 강압적 통치체제를 구축하려는 시도의 하나였다. 계엄법 제정으로 대통령과 정부는 사회운동이나 대중반란, 반정부 운동에 대해 비상권력으로서 계엄법 권력을 행사하는 계엄정치, 계엄통치가 가능해졌다. 이러한 국가권력의 행사는 결국 계엄령 권력의 제도화를 뛰어넘어 계엄통치의 일상화, 곧 국민생활에서 예외상태의 일상화를 유지하는 기제로 발전하고 있었다.

이 글은 제헌국회에서 확정된 최종 계엄법의 체제와 구조, 계엄령 제도의 한국화에 따른 성격과 특징, 그리고 계엄통치의 제도화와 일상화에 대해 분석하고자 한다. 특히 최종 계엄법의 체제와 구조에 대한 분석에서는 1952년에 간행된 원세권의 『계엄법해설』을 주요하게 참고하려고 한다.[1] 이 책은 육군 법무감실이 교재로 사용한 강의안을 토대로 집필되었으며, "계엄을 실무를 담당하는 군경의 직무수행"을 위해 "이론적 설명보다 실제문제의 검토"에 치중하고 있다. 따라서 계엄법 각 조항이 지니는 실제적 내용과 의미를 분석하는 데 많은 도움을 주고 있다.

1. 최종 계엄법의 구조와 내용

1949년 10월 27일에 열린 제5회 국회임시회의 25차 회의(계엄법안 2회 독회)에서 계엄법안은 3회 독회를 생략하고 자구 수정만을 법제사법위원회에 일임하는 조건으로 가결되었으며, 같은 해 11월 24일 법률 제69호로 공포되었다.

최종 계엄법의 체제와 구조는 전체 3장 23조, 곧 제1장 계엄의 선포는 1~8조, 제2장 계엄의 효력은 9~19조, 제3장 계엄해제는 20~23조, 그리고 부칙으로 구성되었다. 이를 법적 체제와 내용에 따라 좀 더 세분하면, 1) 계엄의 선포에서 ① 선포요건과 필요성(1조), ② 계엄 종류와 선포지역(2~4조), ③ 비상계엄 선포시 국회통고(5조), ④ 임시계엄의 선포요건과 추인절차, 선포권자의 자격(6~7조), ⑤ 계엄 선포지역 및 계엄종류의

---

1) 원세권, 『계엄법해설』, 성모출판사, 1952. 이하에서는 해설로 약칭.

변경(8조), 2) 계엄의 효력에서 ① 계엄시행시 지휘감독 체계(9조), ② 경
비계엄과 비상계엄시 계엄사령관의 행정 및 사법사무 관장(10~11조), ③
계엄사령관의 행정기관 및 사법기관에 대한 지휘감독(12조), ④ 비상계
엄지역에서 계엄사령관의 특별조치(13조), ⑤ 계엄사령관의 징용 및 징
발권한, 작전상 재산파괴와 보상, 처벌조항(14~15조), ⑥ 군법회의 재판
관할권(16조, 18조), ⑦ 국회의원 불체포 조항(17조), ⑧ 재심 요구(19조),
3) 계엄의 해제에서 ① 대통령의 계엄해제(20조), ② 국회의 계엄해제 요
구권(21조), ③ 행정 사법사무의 복구(22조), ④ 군법회의 재판사건의 이
관과 연기(23조) 등으로 이루어져 있다.

1) 계엄의 선포

먼저 **제1조**는 대통령의 계엄 선포권을 규정하고 있다. 해설에서는 외
국과 전쟁이나 사변, 또는 "폭동반란사건" 등이 일어나 경찰이나 기타 일
반 행정기관의 힘만으로는 이를 진압할 수 없고 안녕질서를 회복할 수
없게 되었을 때에 대통령은 계엄을 선포하여 병력을 동원하는 것으로 설
명하고 있다. 여기에서 실제로 "어느 정도의 사태가 계엄선포에 적당하
냐 하는 판단은 대통령의 권한에 속"하는 것으로 해석하고 있다.[2] 또한
대통령이 이상과 같이 적당한 시기에 적당한 구역에 계엄을 선포할 때에
는 "무슨 이유로 어떠한 종류의 계엄(비상, 경비)을 어느 지역에 실시하
며 계엄사령관은 누구다 하는 것을 일반국민에게 공고"하여야 한다고 강
조하고 있다.[3]

---

2) 원세권, 위의 책, 15~16쪽.
3) 해설에서는 계엄선포의 지역도 함부로 광범위하게 결정할 것이 아니라 특히
   경비에 필요한 지역만을 구획해서 선포해야 한다고 강조하고 있다. 곧 쓸데없
   이 광범위하게 계엄을 선포하여 한 사람이라도 더 많은 국민의 자유를 속박함
   은 민주주의의 정치이념에 어긋난다는 이유였다. 원세권, 위의 책, 15~16쪽.

제2조는 계엄의 종류를 규정하고 있다. 해설에서는 "어떠한 경우에 비상계엄을 선포하고 어떠한 경우에 경비계엄을 선포하느냐에 대하여는 본법 제3, 4조에 규정"[4]되어 있다고 설명한다. 그러나 실제 문제에서 "당면한 2종류 중 사태가 어느 것에 해당되느냐 하는 것은 대통령의 선포에 의하여 결정"된다고 판단하고 있다.[5]

제3조는 경비계엄의 선포 시기를 규정하고 있다. 해설에서는 전시나 사변, 그리고 국가의 비상사태가 원인이 되어 "민심이 동요되고 직접 간접으로 국가권력을 무시하는 군중이 나타나며 개인 간에도 선량한 풍속과 도의를 무시하고 모략 강탈을 감행하여 마치 「법은 멀고 주먹은 가깝다」라는 옛 말 그대로의 무질서한 상태가 야기되었거나 혹은 야기되려 할 때"에 대통령은 일반 행정기관만으로는 치안을 확보할 수 없으므로 해당 지역에 경비계엄을 선포하여 군사력으로 강력한 경비태세를 확립한다고 설명한다.[6] 따라서 경비계엄의 경우에는 "아직 노골적으로 대항하는 적은 없거나 극히 경미하고 그 가능성은 농후"하다고 볼 수 있다.[7] 이러한 지역에는 국방부장관 또는 내무부장관은 국무총리를 걸쳐 대통령에게 경비계엄의 선포를 요청하는 것이 보통이라고 언급하고 있다.[8]

제4조는 비상계엄의 선포 시기를 규정하고 있다. 해설에서는 비상계엄은 적의 포위 공격으로 인한 "전투지역 또는 인접지대에서 민심이 동요되고 치안이 극도로 혼란되어 정상적인 행정 또는 사법을 시행할 수 없거나 또는 당해지역의 행정기관이나 사법기관이 그 기능을 상실"하여 "군의 힘에 의하지 않고는 안녕질서가 회복될 수 없을 경우에 작전상의 필요와 조속한 질서 회복을 위하여 군의 활동이 가장 유리하고 기민할

---

4) 원세권, 위의 책, 16~17쪽.
5) 위와 같음.
6) 원세권, 위의 책, 17쪽.
7) 위와 같음.
8) 위와 같음.

수 있도록 모든 권한을 군에게 위임"하는 것으로 설명하고 있다.[9] 또 비상계엄은 국방부장관 또는 내무부장관이 국무총리를 거쳐 대통령에게 선포를 요청한다고 덧붙이고 있다.[10]

제5조는 비상계엄 선포에 대한 "수속상의 규정"이다.[11] 해설에서는 비상계엄의 선포는 "국법상의 중대한 문제"로서 '국회와 대통령의 최고 명령권 사이에 맺어지는 관련성'이 매우 중요하므로 제5조는 그 관련성을 규정하고 있다고 설명하고 있다.[12] 대통령이 비상계엄을 선포 또는 추인하였을 때는 지체 없이 국회에 통고하여야 한다고 규정되어 있으며, 여기에서 "통고라 함은 보고하여 승인을 득한다는 말과는 달리 문자 그대로 「이렇게 하였으나 그리 아러라」 하는 의미에 불과"하다고 지적하고 있다.[13] 따라서 계엄의 효력은 국회의 찬성 여부를 기다리지 않고 대통령의 선포 또는 추인과 동시에 발생한다고 설명하고 있다.[14] 또한 계엄 선포의 통고를 받은 국회는 해당 계엄이 타당하면 그대로 인정하고 감시할 것이나 타당치 않으면 본법 제21조에 의하여 계엄해제의 건의를 대통령에게 할 수 있다고 언급하고 있다.[15] 해설은 또한 제5조는 비상계엄에

---

9) 원세권, 위의 책, 19쪽.
10) 위와 같음.
11) 원세권, 위의 책, 19~20쪽.
12) 위와 같음.
13) 위와 같음.
14) 해설에서는 추인을 다음과 같이 정의하고 있다. 본법 제6조에 의하여 해당 지역을 관할하는 일정한 군사책임자가 임시로 비상계엄을 선포하였을 경우에 해당 군사책임자는 국방부장관을 통하여 대통령의 사후승인을 받아야 하는데, 이를 추인이라 한다. 대통령이 비상계엄을 추인하려 할 경우에는 국무회의의 의결을 거쳐야 한다. 원세권, 위의 책, 20~21쪽.
15) 해설에서는 제5조의 통고를 둘러싼 국회의 논의를 다음과 같이 설명하고 있다. 본법 입법 당시에는 국회에 통고할 필요는 없으니 본 조를 말소하자는 설과 단순한 통고에 그칠 것이 아니라 국회의 승인을 얻도록 하자는 두 개의 수정안이 있었다. 그러나 전설은 국가의 중대한 계엄선포에 있어서 정부와 국회와의 사이에 하등연락이 없을 수 없다는 이론에 의하여, 후설은 계엄이란 시간을 다투는 비상사태를 구제하기 위하여 헌법상 대통령에게 명령권을 부여

만 적용되고 경비계엄에는 적용되지 않는다고 덧붙이고 있다.

　제6조에서는 임시로 계엄을 선포할 수 있는 군사책임자의 자격을 규정하고 있다. 해설에서는 '적 또는 소요 군중에 의하여 철도, 도로 등이 차단되고 통신망이 파괴되어 중앙과의 연락이 끊어지고 사태는 점점 악화되어 대통령의 계엄선포를 상신하고 대기할 여유가 없을 경우'에 해당 지역을 관할하는 군사책임자가 임시로 계엄을 선포할 수 있다고 설명하고 있다.[16] 해설에서는 제6조에 규정된 계엄을 선포할 수 있는 군사책임자를 다음과 같이 정의하고 있다.[17] 1. 특명의 사령관은 "대통령의 명에 의하여 임시로 임명된 사령관"으로서 계엄사령관 등을 말한다. 2. 군사령관(軍司令官)은 '육·해·공 각 군 총참모장과 유사'하며, 미 8군사령관이 대표적인 예라고 설명한다. 군사령관에서 군(軍)은 군단(軍團)이 3개 합친 것이다. 3. 사단장은 군 편제상에 연대가 3개 합친 부대의 책임자이다. 4. 병단장은 군 편제상에 군단이 3개 합친 것이나 당시 한국에는 없는 직책이었다. 5. 요새사령관은 "중요 군 요새지에 경비를 담당하는 사령관"을 말한다. 6. 위수사령관인 독립 단대장은 여러 육군군대가 한 지구에 함께 주둔하고 있을 때에 해당지구내의 경비와 질서유지, 시설보호 등을 담당하는 부대장 중에서 최상급 선임자를 가리킨다. 7. 함대사령장관은 2개 이상의 함대로서 구성된 연합함대의 최고 지휘관을 말한다. 8. 함대사령관은 독립된 1개 함대의 최고 지휘관이다. 9. 통제부사령장관은 군항(軍港)의 전반에 관한 군령 군정을 통수하는 최고 지휘관을 말한다.[18] 10. 경비부사령관은 요항(要港) 해상에 대한 최고 권한을 가진 지

휘관을 가리킨다.[19] 11. 전 각호의 제관(諸官)과 동등 이상의 권한 있는 군대지휘관은 여단장(旅團長), 군단장 등을 말한다.

제7조는 임시 계엄선포권자의 대통령 추인 절차와 조건을 규정하고 있다. 해설에서는 "헌법 제64조「대통령은 법률이 정하는바에 의하여 계엄을 선포한다」에 의하여 계엄을 선포할 수 있는 권한은 대통령에게만 부여되어 있음으로 임시로 계엄을 선포한 군사책임자는 곳 대통령의 사후승인을 받아야 한다"고 설명하고 있다.[20] 또 해설에서는 대통령이 비상계엄을 추인하려고 할 때에는 국무회의의 의결을 거쳐야 하며, 대통령의 사후승인을 받지 못할 때에는 임시로 계엄을 선포한 자는 즉시 그 계엄의 해제를 선포하여야 한다고 강조하고 있다.[21]

제8조는 선포된 계엄지역이나 종류의 변경을 규정하고 있다. 해설에서는 본법 제1조의 규정에 의해 선포된 경비계엄 또는 비상계엄은 사태의 변화에 따라 내무부장관 또는 국방부장관이 국무총리를 거처 대통령에게 그 지역 또는 종류의 변경을 요청할 수 있다고 설명하고 있다.[22] 또 해설은 대통령은 이 요청에 따라 계엄의 내용을 변경하려고 할 때에는 국무회의의 의결을 거쳐야 한다고 덧붙이고 있다.[23]

2) 계엄의 효력

먼저 **제9조**는 계엄시행에 대한 지휘 감독권을 규정하고 있다. 이 지휘 감독 권한은 계엄시행 지역의 범위나 규모에 따라 조절된다. 해설에서는

---

19) 요항은 해군의 작전상 필요에 따라 설치 사용되는 항구이다. 위와 같음.
20) 원세권, 위의 책, 24쪽.
21) 위와 같음.
22) 예를 들어 갑 지구에 선포된 계엄을 해제하고 을 지구에 이를 선포거나 갑 지구에 선포된 비상계엄을 정세에 따라 경비계엄으로 변경하는 것 등을 대통령에게 요청할 수 있다고 설명하고 있다. 위와 같음.
23) 위와 같음.

'남한 전 지역에 계엄을 선포하였을 때에는 전국이 아니므로 국방부장관의 지휘감독을 받아야 하며 헌법상 규정된 한반도 전역에 계엄이 선포되었을 때에는 대통령의 지휘감독을 받아야 한다'고 설명하고 있다.[24] 또한 대통령이나 국방부장관이 본조에 의해 계엄사령관을 지휘 감독할 때, '국가정책에 관계되는 사항은 국무회의의 의결을 거쳐야 하며, 각부의 중요 소관사무와 관련이 있는 사항은 해당 주관부처 장의 의견을 듣거나 협의하여야 한다고 언급하고 있다.[25]

제10조는 경비계엄의 효력과 계엄사령관의 관장 사무를 규정하고 있다. 해설에서는 경비계엄이 선포된 후에 계엄사령관은 즉시 해당 지역 내의 군사에 관한 행정사무와 사법사무를 관리 장악한다고 설명하고 있다.[26] 여기에서 군사에 관한 행정사무는 "병사 및 징용 징발 등의 사무", 군사에 관한 사법사무는 "작전용병에 직접 관련 있는 사항 즉 국방경비법 제32조 이적 행위죄 및 동법 제33조 간첩죄의 해당되는 범죄 등"으로 정의하고 있다.[27] 또 해설에서는 계엄사령관은 현역장교 중에서 국방부장관이 상신한 자로서 국무회의의 의결을 거쳐 대통령이 임명하며, 계엄사령관의 계엄시행을 보좌하기 위하여 계엄사령관 소속 아래에 계엄사령부를 둘 수 있다고 언급하고 있다.[28]

제11조는 비상계엄의 효력과 계엄사령관의 관장 사무를 규정하고 있다. 해설에서는 비상계엄 사령관은 "경비계엄 사령관과 달리 군사에 관한 행정사법사무는 물론 비군사적 행정 사법 사무도 관리 장악한다"[29]고 설명하고 있다. 여기에서 계엄사령관이 모든 사무를 관리 장악한다는 것

---

24) 원세권, 위의 책, 26쪽.
25) 위와 같음.
26) 원세권, 위의 책, 27쪽.
27) 위와 같음.
28) 원세권, 위의 책, 28쪽.
29) 원세권, 위의 책, 35쪽.

은 '군이 직접 이러한 직권을 전부 행사하는 것이 아니라 지휘 감독권만을 계엄사령관이 장악'한다는 의미이다.[30] 곧 계엄지역이 '한 지방에 국한될 때에는 해당 지방 소관 최고 책임자를 통해, 전국일 때에는 주무부처의 장을 통해 종전의 조직과 절차에 의한 기능을 그대로 발휘'하게 한다는 것이다.[31] 또한 비상계엄이 선포되었더라도 "군 수사원은 「헌병 및 국군정보기관의 수사한계에 관한 법률」을 전적으로 무시하고 일반 민간인을 무조건 체포 구속 취조하는 것이 아니라 종전과 같이 집행하되 계엄사령관의 특별한 조치가 있을 때에 한하여 군 수사원은 본법에 의한 직권을 발동"할 수 있다고 강조하고 있다.[32] 이와 함께 "일반법원에 계속 중(繫屬中)에 있는 사건도 역시 군법회의로 전부 이송하는 것이 아니라 군의 필요한 사건만 이송 명령하고 그 제외사건은 종전과 같이 일반법원으로 하여금 심리"하게 한다고 해석하고 있다.[33]

제12조는 계엄시행 지역 내의 행정기관, 사법기관의 임무와 조치를 규정하고 있다. 해설에서는 계엄선포 후에 "각 기관은 자발적으로 계엄사령관의 지시를 받기 위하여 긴밀한 연락을 취"해야 한다고 설명하고 있다.[34] 특히 계엄지역이 1도(서울특별시는 도와 동일) 이상일 경우에는 그 지역의 행정기관과 사법기관과 연락하기 위하여 계엄사령관의 명의로 지방 계엄사무소를 둘 수 있다고 언급하고 있다.[35]

제13조는 비상계엄 시행지역에서 계엄사령관의 권한을 규정하고 있

---

30) 위와 같음. 예를 들면 도청사무 법원사무 검찰청 사무의 경우, 군이 전반적으로 인수 간섭하는 것이 아니라 군의 활동에 필요한 사항만을 해당 기관에 지시하고 감독하는 것이라고 설명하고 있다.
31) 위와 같음.
32) 위와 같음.
33) 특히 해설에서는 경비계엄에서는 재판 관할권 문제가 논의되나 비상계엄 하에서는 모든 행정 사법 사무가 계엄사령관에게 귀일됨으로 재판 관할권에 관하여 대법원이 재정 운운할 여지조차 없다고 덧붙였다. 원세권, 위의 책, 35~36쪽.
34) 원세권, 위의 책, 38쪽.
35) 위와 같음.

다. 제13조에 의거, 비상계엄 지역에서 계엄사령관은 군사상 필요에 따라 체포·구금·수색·거주 이전·언론 출판·집회 또는 단체행동에 관하여 특별한 조치를 할 수 있다. 해설에서는 먼저 "국민의 자유와 권리를 헌법에서 명확히 보장"하는 것은 "민주주의 헌법의 중핵"이며, "우리나라 헌법 제9조 10조 13조에는 각각 체포 수색 언론 출판 집회 결사의 자유권이 규정"되어 있다[36]고 전제하고 있다.

해설은 그러나 "국가는 형식적인 국민의 자유권 평등권을 보장하는 것으로 만족할 것이 아니라 일보 나아가서 실질적으로 각 국민의 복리를 확보 증진시키기에 노력"[37]해야 한다고 강조한다. 이를 위해 해설에서는 "전시 또는 전쟁에 준하는 내란이 일어났을 때에 국가에서는 비상계엄을 선포하고 병력으로 전국 또는 일 지방을 경비하며 그 지역 내에 있는 행정권과 사법권의 전부 또는 일부를 군대에 위임함으로써 강력한 군 통치를 설치하며 경우에 따라서는 헌법상 보장되어 있는 국민의 기본 권리까지도 제한 또는 일시 정지함으로써 비상사태를 수습하고 국민의 복리를 확보 증진시키기에 노력함은 타당"[38]하다고 주장하고 있다.

해설은 비록 "국가목적에 합치하는 일이라도 국민의 기본권에 관한 문제는 법률에 의하여야 함은 법치주의의 당연한 요청임에 본 조에서는 비상사태하 체포 구금 수색 거주 이전 언론 출판 집회 등에 대한 특별조치를 계엄사령관이 취할 수 있는 권한을 명확히 규정"[39]하고 있다고 밝히

---

36) 원세권, 위의 책, 39쪽.
37) 위와 같음.
38) 원세권, 위의 책, 40쪽.
39) 해설에서는 제13조에 사용된 개념에 대해서도 정의하고 있다. 먼저 체포 구금은 신체의 자유를 구속하여 사실상 자유의 활동을 할 수 없게 하는 것이라고 설명하고 있다. 구체적으로 「체포」는 시기적으로 수족의 활동을 속박하는 것이며, 「구금」은 어떠한 기간을 계속하여 일정한 장소에 유치하고 외부에 나가지 못하게 하는 것으로 정의하였다. 또 「수색」은 신체·물건·가택 등을 강제적으로 수색하는 것으로 정의하였다. 다만, 경찰관리가 국민을 체포·구금·수색할 때에는 반드시 법관의 영장이 있어야 한다는 것이 헌법 제9조에 규정

고 있다. 나아가 "본 조에 의하여 계엄사령관이 특별한 조치를 할 때에는
미리 그 내용을 구체적으로 국방부장관에게 상신하여 그 승인을 얻은 후
국민에게 공고"해야 한다는 점도 지적하고 있다.[40]

제14조는 비상계엄 지역에서 징발 징용과 작전상 파괴에 대해 규정하
고 있다. 해설에서는 비상사태 하에서 "보통 때와 같은 방법으로 군수품
을 조달하다가는 전투에 패하고 말 것이며 계엄의 목적을 달성할 수 없"
음으로 "국가에서 비상계엄이 선포되었을 때에는 군대의 일방적인 의사
에 의하여 군수에 소용되는 재산 및 노동력을 징용할 수 있도록 법률로
써 허락"하였다고 설명하고 있다.[41] 해설은 "그 법률(징발법)의 근거가
즉 본 조"라고 언급하고 있다.[42]

되어 있지만, 비상계엄 지역 내에서 본 조에 의한 특별한 조치가 있을 때에는
영장 없이 체포·구금·수색 할 수 있다고 설명하고 있다. 「거주 이전」은 일
정한 장소에 정착하여 생활을 영위하거나 또는 장소를 이동하는 것을 말하며,
비록 헌법 제10조에 의해 자유로이 거주의 장소를 선정할 수 있으나 비상계엄
이 선포된 지역에서는 본 조에 의하여 거주의 정착 또는 이동을 강요당할 수
도 있다고 설명하였다. 또 「언론의 자유」는 사상발표의 자유로서 출판·집
회·결사의 자유와 함께 민주 정치를 보장하기 위한 가장 중요한 자유이기 때
문에 헌법 제13조에서도 규정되어 있다고 밝히고 있다. 그러나 해설은 이 자
유를 남용하면 사회의 안녕질서를 해치고 사상과 인심을 악화시킬 우려가 많
음으로 비상계엄이 선포된 지역에서는 본 조에 의하여 이에 대한 특별한 조치
를 할 수 있도록 하였다고 설명하고 있다. 원세권, 위의 책, 40~41쪽.
40) 원세권, 위의 책, 41쪽. 해설에서는 비상계엄이 전국적으로 선포되었을 때에는
대통령의 승인을 얻어야 한다고 설명하고 있다. 다만, 사태가 긴급하여 사전
승인을 얻을 시간여유가 없을 경우에는 승인 없이 조치를 취할 수 있으나 즉
시 추인을 받아야 하며 추인을 받지 못한 경우에는 지체 없이 해당 조치를 취
소해야 한다고 지적하였다.
41) 원세권, 위의 책, 45~46쪽.
42) 해설에서는 군대에서 전투를 하려면 여러 가지 물건 노동력 시설 등이 필요하
다고 서술하고 있다. 그러나 이는 보통 때와 달리 꼭 필요할 그 시간에 소요량
을 써야만 전투를 할 수 있는 것이므로 상대방의 의사와 이익을 일일이 존중
하면서 구할 수는 없다고 설명하였다. 다만, 보통 시에는 비록 국가와 국민간
의 관계라 하다라도 재산적 가치를 내용으로 할 경우, 예를 들어 국가에서 개
인의 물품을 구입하거나 공사를 청부시키는 계약 또는 행위를 할 때에는 민법
상법 등의 사법을 적용하여 국가와 개인이 대등한 입장을 갖게 된다고 밝히고

해설은 이와 함께 "아무리 비상계엄 하라 해도 시간적 여유 및 물자의 성질상 보통 수단으로는 도저히 충당하기 어려운 때에 징발을 하는 것이지 통상의 수단으로 할 여유가 있음에도 불구하고 징발을 해서는 아니 된다"고 밝히고 있다.[43] 해설에서는 또한 "현재에 필요한 것을 상기와 여히 징발하는 이외에 앞으로 군수에 소용되리라고 예상되는 물건을 조사 등록하여 그 지역 외로 반출하지 못하게 할 수도 있"으며, 이러한 경우에는 "미리 물품의 목록과 그 취지를 일반국민에게 공고"해야 한다고 지적하고 있다.[44]

나아가 해설에서는 "군대에서 작전상 필요하다고 인정될 시에는 부득이 국민의 재산을 파괴하고 소각할 수도 있다"[45]고 설명하고 있다. 예를 들어 "후퇴작전에 있어 군수물자 및 건물이 적에 이용당할 우려성이 농후하고 또 적이 사용함으로써 전력이 강화되어 아군 작전상 불리하게 된다고 인정될 시는 지휘관에 명에 의하여 파괴 또는 소각"할 수 있다는 것이다.[46] 그러나 해설에서는 작전상 일어난 국민의 재산 파괴나 손해를 보상하는 규정에 대해서는 설명하고 있지 않다. 계엄법 14조에서는 작전상 부득이한 경우에는 국민의 재산을 파괴 또는 소화할 수 있으나, 발생한 "손해에 대하여는 이를 보상하여야 한다"고 규정하고 있다.

제15조는 계엄법 제12조와 제13조, 그리고 제14조 제1항 · 제2항의 규정을 위반한 행위에 대한 처벌조항이다. 해설에서는 제12조 경비계엄 비상계엄 선포시에 계엄사령관의 지휘감독을 받지 않을 경우, 제13조 체포 · 구금 · 수색 · 거주이전 · 언론출판 · 집회 · 단체행동 등에 대한 특별한 조치를 위반하는 경우, 그리고 제14조 징용 징발, 군수물자 조사등록

있다. 위와 같음.
43) 원세권, 위의 책, 46쪽.
44) 위와 같음.
45) 위와 같음.
46) 원세권, 위의 책, 46~47쪽.

과 반출금지, 작전상 국민의 재산을 파괴하거나 소각하는 등의 조치에 따르지 않는 경우는 군법회의에 회부하여 징역 3년 이하에 처벌한다는 규정을 설명하고 있다.[47] 예를 들어 "계엄사령관이 집회를 금하였는데 불구하고 집합을 하였다거나 징발영장을 받고도 이를 기피하였다거나 혹은 이를 악선전하였다거나 하는 자는 계엄고등군법회의에 회부하여 징역 3년 이하에 처벌한다"[48]는 내용이다.

제16조는 비상계엄 지역 내에 설치된 군법회의에서 재판할 수 있는 범죄의 범위를 규정하고 있다. 여기에는 계엄사령관이 당해 관할법원으로 하여금 해당 범죄를 재판케 할 수 있는 단서 조항도 포함되어 있다.[49] 해설에서는 '비상계엄이 선포되면 계엄사령관이 일반 행정사무와 사법 사무를 전부 장악'하기 때문에 "별도로 본 조에 각종 범죄를 별기하지 않아도 형법 법전에 의거하여 계엄사령관의 권한으로 처벌할 수 있다"고 강조하고 있다.[50] 그럼에도 "특히 본 조에 열거한 범죄를 범한 자는 일반 민간인이라도 원칙적으로 군법회의에서 심판하고 본 조에 기입되지 않은 기타의 범죄는 종전과 같은 형식으로 일반법원에서 심판한다"고 설명하고 있다.[51]

---

47) 원세권, 위의 책, 81~82쪽.
48) 원세권, 위의 책, 82쪽.
49) 비상계엄지역에 설치된 군법회의에서 재판할 수 있는 범죄 항목은 다음과 같다. 1. 내란에 관한 죄, 2. 외환에 관한 죄, 3. 국교에 관한 죄, 4. 공무집행을 방해한 죄, 5. 범인은닉 또는 증빙연멸죄, 6. 소요죄, 7. 방화죄, 8. 일수에 관한 죄, 9. 음료수에 관한 죄, 10. 통화위조죄, 11. 문서위조죄, 12. 유가증권위조죄, 13. 인장위조죄, 14. 위증죄, 15. 무고죄, 16. 간음죄, 17. 살인죄, 18. 상해죄, 19. 체포 또는 감금죄, 20. 협박죄, 21. 절도 또는 강도죄, 22. 횡령 또는 배임죄, 23. 장물죄, 24. 훼기 또는 장닉죄, 25. 군사상 필요에 의하여 제정한 법령에 규정된 죄 등이다. 원세권, 위의 책, 82~83쪽.
50) 원세권, 위의 책, 83쪽.
51) 해설에서는 본 조에 규정된 각종 범죄는 특별한 법령이 없는 한 일반 형법법전에 의거하여 군법회의에서 심판하는 것이 타당하다고 설명하고 있다. 원세권, 위의 책, 83~84쪽.

제17조는 계엄선포 중 국회의원은 현행범을 제외하고는 체포 또는 구금되지 않는다는 불체포 조항이다. 해설에서는 먼저 "비상계엄이 선포되면 그 지역에서 행정 사법의 모든 권한이 군에 위임되어 군 통치시대"가 되며, 비록 계엄이 "앞으로 나라를 유지하고 국민을 복되게 하려는 임시적 조치이나 사람이란 지나친 권리를 부여하면 항상 남용하는 경향이 많다"고 언급하고 있다.52) 해설에서는 "이 시기에 국민의 대표로서 국민을 옹호하며 군을 감시하고 시정할 사람은 오직 국회의원"이며, "국회의원은 자칫하면 군의 오해와 미움을 받기 쉬"움으로 "그 신분을 특별히 보장하는 무엇이 있지 않으면 충분한 활동을 하기 어려"울 것이라고 설명하였다.53) 해설에서는 이러한 이유 때문에 "본법은 헌법 제49조의 내용과 달리 국회 폐회 혹은 개회전이라 할지라도 계엄선포 중 구금하지 못한다고 규정"하였다고 밝히고 있다.54)

---

52) 원세권, 위의 책, 114쪽.
53) 해설은 "국회의원은 한 사람이 십만 명을 대표하는 공적인간"이므로 이러한 사람이 "아무리 비상시기라 하여도 현행범이 애매한 사실로 인하여 체포 구금되고 임무를 수행하지 못한다면 십만의 권리가 약탈당하는 것이 될 것"이라고 언급하고 있다. 위와 같음.
54) 해설에서는 국회의 입법 당시 제기된 본 조항에 대한 "강경한 반대론"도 소개하고 있다. 반대론은 무엇보다 헌법 제8조에 따르면 모든 국민은 법 앞에 평등하며 사회적 특권 계급제도를 일체 인정하지 않음에도 불구하고 국가 초비상시기에 있어서 국회의원이 이러한 특권을 갖겠다고 하는 것은 아전인수에 지나지 않으며 국민에게 오히려 의아감을 줄 것이라는 주장이다. 따라서 아무리 국회의원이라 할지라도 법에 저촉되는 죄가 있으면 마땅히 체포 구금해야 한다는 논리였다. 더구나 국회의원은 정치인인 만큼 국가비상시에 반드시 현정부를 지지한다고 볼 수 없으며 내란 외환죄에 가담할 우려가 많다는 주장이다. 특히 만일 어떤 사람을 잡아서 조사한 결과, 그 배후가 현행범은 아니지만 국회의원이라고 하여 체포나 구금하지 못한다면, 해당 국회의원은 배후에서 증거를 인멸하거나 여러 가지 지장을 초래할 수 있다는 것이었다. 그러므로 국회개회 중에는 헌법 제49조에 따라 신분이 보장되어 있지만, 국회폐회 중에는 일반 국민과 평등한 입장에서 법의 적용을 받아야 한다는 이론이었다. 해설은 그러한 주장은 표결에 의하여 부결되고 본 조문이 채택되었다고 밝히고 있다. 원세권, 위의 책, 114~115쪽.

제18조는 비상계엄 지역에서 법원이 없거나 또는 당해 관할법원과의 교통이 차단된 경우에 군법회의가 모든 형사사건을 재판한다고 규정하고 있다. 해설은 "제15, 16조에 규정된 죄를 범한 자는 원칙적으로 군법회의에서 심리하게 되어 있으나 기타의 범죄사건은 일반법원에서 종전과 동일한 형식으로 심리"한다고 설명하고 있다.[55] 다만, "비상계엄이 선포된 지역 내에 법원이 없거나 당해 관할법원과의 교통이 끊어진 때에는 어떠한 형사사건을 막론하고 전부 군법회의에서 이를 심리한다"고 언급하고 있다.[56]

제19조는 군법회의 재판의 재심 조항이다. 계엄법은 제16조와 제18조에 의하여 군법회의에서 재판을 받은 자가 불복이 있을 때에는 재심을 요구할 수 있도록 규정하고 있다. 해설에서는 먼저 "국민은 여러 가지 기본 권리와 함께 재판청구권을 가지고 있"으며, "우리나라 국민은 법률상 자격이 있는 심판관에게 삼심제도에 의한 재판을 받을 권리가 있"다고 전제하고 있다.[57] 그러나 해설에서는 "비상계엄이 선포된 지역 내에 있어서는 다른 모든 국민의 기본권리가 제한 또는 정지되는 것과 마찬가지로 재판청구권도 제한 및 정지를 받지 않을 수 없다"고 강조하였다.[58]

특히 해설에서는 비상계엄 선포지역에서 "군인이 아닌 일반 민간인도 계엄법 제16조와 제18조에 의하여 군법회의에서 재판을 받게 되는 것이며 군법회의는 신속 확실히 처리를 이상으로 하는 까닭에 절대적 공평하게 처형을 한다고 보장할 수는 없다"고 설명하고 있다.[59] 따라서 해설은

55) 원세권, 위의 책, 116쪽.
56) 위와 같음.
57) 해설에서는 재판 청구권을 "우리나라 헌법 제22조에 규정된 바와 같이 모든 국민은 법률에 의한 자격을 가진 법관에게 재판을 받을 권리가 있으며 또 법률에 규정된 절차에 의하여 재판을 받을 권리"로 정의하고 있다. 원세권, 위의 책, 117쪽.
58) 위와 같음.
59) 위와 같음.

"아무리 비상계엄선포로 인하여 재판 요구권이 축소되었다 하더라도 과도한 처형을 받은 자가 군법회의는 단심제인 까닭에 호소할 곳이 없다면 이것은 지나친 제도이라고 아니할 수 없음으로 본조는 이러한 억울한 사람에게 재심을 요구할 권한을 부여"했다고 밝혔다.[60]

여기에서 중요한 사실은 군법회의에서 국방경비법과 계엄법을 적용하는 문제이다. 해설에서는 "본법의 해석상 유의할 점은 군법회의가 국방경비법에 의하며 군법 피적용자를 심사할 경우와 계엄법 제16조 18조에 의하여 민간인을 심판할 경우"인데, "본 조는 전자에게는 적용되지 않고 후자에게만 적용"된다고 언급하고 있다.[61] 다만, 계엄군법회의 판결에 불복이 있는 민간인의 재심 요구 수속에 대해서는 아직 시행세칙이 공포되어 있지 않아 실제 재심은 곤란하다고 밝히고 있다.[62]

---

60) 위와 같음.
61) 좀 더 부연하면, 계엄군법회의에서 심판을 받은 민간인에 한하여 불복이 있을 때에는 재심을 요구할 수 있으며, 국방경비법에 의하여 심판을 받은 일반 군법회의 피고인에 대하여는 국방경비법 제100조에 의하여 심사장관이 법률상 오류를 범했다고 인정할 경우에 재심을 명할 수는 있으나 피고인의 불복으로 인하여 재심을 요구할 수는 없다는 설명이다. 원세권, 위의 책, 117~118쪽.
62) 해설은 군법회의 설치장관의 재심 여부는 다음과 같은 표준에 의해 결정된다고 밝히고 있다. 1. 재심을 명할 수 있는 경우는 가. 원심의 법령 위반으로 인하여 군사법을 부당히 침범한 경우, 나. 원심의 판정 또는 판결이 법률상 충분히 성립되지 못함을 인정한 경우 다. 법령 위반으로 인하여 피고인의 본질적 권리가 부당히 침범당한 경우이다. 2. 재심을 명할 수 없는 경우는 가. 심사장관 또는 확인장관이 해당 판결의 일부라도 승인하는 경우, 나. 소송기록을 수정 심리를 위해 반송하는 경우, 다. 피고사건의 기소를 심사장관 또는 확인장관이 각하를 명하는 경우, 라. 판결에 대하여 재심의 명령 없이 이미 부인조치를 취한 경우이다. 3. 재심에 적용되는 규정은 다음과 같다. 가. 원심에 간여하는 심판관은 재판(再判)에 간여할 수 없다. 나. 원심에서 무죄로 판정된 범죄목에 대하여는 재심할 수 없다. 다. 원심에서 죄의 유무에 관하여는 사실 심리를 하지 않은 범죄 죄목에 대하여 재심에서 유죄판결을 할 수 있다. 라. 원심에서 처단한 형벌을 초과 또는 가중하는 판결을 재심에서 언도할 수 없다 등이다. 원세권, 위의 책, 118~119쪽.

3) 계엄의 해제

제20조는 대통령의 계엄해제 시기에 대한 조항이다. 계엄법은 제3조 또는 제4조에 규정된 사태가 평상사태로 회복된 때에는 대통령은 계엄을 해제한다고 규정하고 있다. 해설은 경비 또는 비상계엄을 해제할 때에도 계엄을 선포할 때와 동일한 절차를 밟게 된다고 설명하고 있다. 곧 "사태가 회복되었을 때에는 국방부장관 또는 내무부장관은 국무총리를 거쳐 대통령에게 계엄의 해제를 요청한다"고 언급하고 있다.[63]

제21조는 국회의 계엄해제 요구권을 규정하고 있다. 제21조는 국회가 계엄해제를 요구할 때에는 대통령은 이를 해제하여야 한다고 규정하고 있다. 해설에서는 '계엄을 선포한 후에 치안상태가 정상상태로 회복되거나 회복되지 않는 것은 그 지방출신인 국회의원이 누구보다도 잘 알 것'이라고 지적하고 있다.[64] 따라서 "국회의원이 보기에는 계엄을 해제하는 것이 앞으로 민심을 수습하는데 좋으리라고 생각됨에도 불구하고 정부에서는 아직 계엄해제를 선포하지 않을 경우에 국회의원은 그 사실을 국회에 통하여 다수의사로써 그 해제를 대통령에게 요구"할 수 있다고 설명하고 있다.[65] 해설은 "그때에 대통령은 이를 해제하여야 한다"고 언급하고 있다.[66] 해설은 "대통령이 국회로부터 해제요구를 받은 후에 해제시기의 조만(早晚)에 관해서는 명백히 본건에 규정되어 있지 않음으로 소논의(小論議)되고 있으나 본 조의 입법취지로 보아 지체 없이 해제함이 타당"하다고 밝히고 있다.[67]

---

63) 원세권, 위의 책, 120쪽.
64) 위와 같음.
65) 위와 같음.
66) 위와 같음.
67) 해설은 국회 입법 당시에는 비상계엄은 국회의 해제요구 권한이 있어도 좋으나 경비계엄은 타당치 않다는 반대설이 있었다고 소개하고 있다. 곧 군의 작전행동이 입법기관에 의하여 제약을 받는다면 군의 목적달성에 많은 지장을

제22조는 계엄해제 후의 계엄사무 복구에 대한 조항이다. 22조는 계엄
이 해제된 날로부터 모든 행정사무 또는 사법사무는 평상사태로 복구한
다고 규정하고 있다. 해설에서는 "복구한다고 함은 선포 중 적용되었든
계엄법이 완전히 효력을 상실하고 선포 이전과 동일하게 국민의 자유권
재산권이 헌법의 규정대로 완전히 보장되는 정상상태로 돌아가는 것"으
로 설명하고 있다.[68]

제23조는 비상계엄 해제 후에 군법회의에 계속(繫屬) 중인 재판사건의
재판 관할권을 언급하고 있다. 23조는 비상계엄 시행중에 제16조와 제18
조의 규정에 의하여 군법회의에 계속중인 재판사건의 관할은 비상계엄
해제와 동시에 일반법원에 속한다고 규정하고 있다.[69] 해설에서는 "비상
계엄시행 중에 본법 제16조 및 18조를 위반한 범죄사실로 인하여 군법회
의에서 취급하고 있는 민간인 미결사건은 비상계엄해제와 동시에 일건
(一件) 서류와 함께 일반법원으로 이송"해야 한다고 설명하고 있다. 해설
은 또한 "여러 가지 복잡한 모종 미결사건은 부득이 군법회의에서 결말
을 지을 필요가 있다고 대통령이 생각한 경우에는 대통령령으로 군법회
의의 재판권을 1개월 이내에 한하여 연기할 수 있다"고 덧붙이고 있다.[70]

초래함으로 본 조의 내용을 비상계엄에 국한하자는 주장이었다. 그러나 이 주
장은 다수 의사로써 부결되고 본 조는 경비계엄이나 비상계엄에 모두 적용하
게 되었다고 밝혔다. 원세권, 위의 책, 121쪽.
68) 위와 같음.
69) 원세권, 위의 책, 121~122쪽. 또 대통령은 필요하다고 인정할 때에는 대통령령
의 정하는 바에 의하여 군법회의의 재판권을 1개월 이내에 한하여 이를 연기
할 수 있도록 규정하였다.
70) 원세권, 위의 책, 122쪽.

2. 최종 계엄법의 특징과 계엄령 제도의 한국화

1) 최종 계엄법의 체제와 특징

최종 계엄법은 체제와 구조, 내용에서 중요한 특징을 갖고 있다. 첫째 최종 계엄법은 법 체제와 구조의 측면에서 일제 계엄령의 틀을 모방하고 있다는 점이다. 계엄법안이 최종 확정되는 과정에서 일제 계엄령에서 일정하게 탈피하였지만, 법률의 기본구조와 체제에서는 여전히 일제 계엄령을 벗어나지 못하였다. 이는 무엇보다 제헌국회의 계엄법 입법이 출발부터 일제 계엄령을 모델로 논의되었던 사실에 기인한다. 곧 국회의 계엄법안에 대한 검토가 국방부 초안이나 외무국방위원회 초안에서 시작되었는데, 이들 안은 모두 일제 계엄령을 모방한 것이었다.[71]

국회에 최종 상정된 계엄법안, 곧 법제사법위원회안도 일제 계엄령을 모방한 원안, 곧 외무국방위원회 초안을 토대로 작성되었다. 백관수 법제사법위원회 위원장은 "원안을 볼 것 같으면 일본에서 해오든 계엄법 그것을 모방해서 제출한 까닭으로 우리 법제사법위원회에서는 그것도 대개 표준해서 모든 것을 생각한 뒤에 국방부의 의견이라든지 법제처의 의견이라든지 모든 의견을 종합해 가지고 통일해서 이런 대안을 맨든 것"이라고 밝혔다.[72]

곧 법제사법위원회는 일제 계엄령을 모방한 외무국방위원회 초안을

---

71) 백관수 법제사법위원장은 "당초에 이 원안이 어떻게 되었느냐 할 것 같으면 일본에 있는 계엄령을 그대로 한 것이고 그 계엄령이라는 그 안을 모방한 것이나 그 모방한 것으로 말씀할 것 같으면 당초에 일본의 헌법이 발표되기 전 그것은 명치15년 其時에 포고령으로 36호로 제정한 그런 계엄법 그대로 이렇게 해왔습니다" 라고 말하였다. 국회사무처,『제5회 국회임시회의속기록』제 19호(1949.10.12), 379쪽.
72) 국회사무처,『제5회 국회임시회의속기록』제19호(1949.10.12), 379쪽.

표준으로 정부의 의견을 참작하여 새로운 대안을 기초했던 것이다. 당시 법제사법위원회의 계엄법안 심의에 참여했던 이원홍 의원은 법제사법위원회의 계엄법안은 "외무국방위원회에서 제출한 초안에 의지해서 군부의 각 요인을 맞아다가 약 1주일 이상 처음부터 끝까지 합석해서 그 양해 하에서 만들어낸 대안"이라고 설명하였다.[73]

최종 계엄법의 법 체제와 구조는 크게 1장 계엄의 선포, 2장 계엄의 효력, 3장 계엄의 해제라는 제목 아래 내용이 구성되어 있다. 국회의 계엄법 제정과정에서 기본 모델이 된 1882년 일제 계엄령은 장 체제에 따라 내용을 구분하고 있지는 않다. 그러나 최종 계엄법은 법 체제와 구조, 법률 조항의 배치와 순서, 기본 개념과 내용 등에서 일제 계엄령과 유사한 특징을 갖고 있다.

최종 계엄법은 첫째, 법률 체제와 구조에서 계엄의 선포, 효력, 해제라는 구성에 따라 법률조항을 배치하고 있는데, 이는 일제 계엄령 체제와 매우 유사하다. 일제 계엄령도 선고 또는 포고는 제1조에서 8조, 계엄의 효력은 제9조에서 14조, 계엄의 해제는 15조에서 16조에 배치하고 있다.[74] 둘째, 법률 조문의 구성, 정의나 개념, 용어사용에서도 최종 계엄법은 일제 계엄령과 유사한 형태를 갖고 있다. 곧 계엄에 대한 정의, 계엄선포 조건, 계엄의 종류, 계엄선포권자의 자격과 권한, 계엄사령관의 사무 관장 권한, 군법회의 재판 관할권 등은 일제 계엄령 조항을 기본 모델로 조문된 것이었다.[75] 물론 계엄법안 작성과 심의의결 과정에서 한국 상황에 맞게 내용이 재구성되었지만, 법 조문의 체제와 논리, 주요 개념은 그대로 유지되었다.

결국 제헌국회는 계엄법 논의과정에서 다른 나라 계엄법을 참고하고

73) 국회사무처, 『제5회 국회임시회의속기록』 제19호(1949.10.12), 380쪽.
74) 「계엄령」, 조선총독부 편찬, 앞의 책, 7~8쪽 참조.
75) 위와 같음.

한국의 상황도 반영하여 계엄법을 최종 심의하고 확정하였지만, 일제 계 엄령 체제나 구조에서 완전히 벗어나는 수준으로까지 나아가지 못했다. 이는 1948년 12월 국방부 초안이 제출될 때부터 1949년 10월 법제사법위 원회 대안에 이르기까지 일제 계엄령을 모델로 한 기본체제와 구조가 여 러 차례의 심의 과정에서도 변화되지 않고 연장되어 확정된 결과였다. 이러한 사실은 계엄법 체제와 구조에서 일제 계엄령의 모방이라는 법 제 도의 식민성을 보여준다.

다음으로 최종 계엄법에는 서구의 계엄령 제도도 반영되었다. 법제사 법위원회는 최종 계엄법의 초안이라 할 수 있는 법제사법위원회 대안을 작성하면서 다른 나라 헌법과 계엄령을 참조하였다. 국방부 차관 최용덕 은 법제사법위원회 안은 "여러 날을 토의하고 각국의 모든 것을 현상을 생각해서 이 원안이 나온 것"이라고 강조하였다.[76] 그는 예를 들어, 계엄 선포시 대통령의 국회통고와 관련한 심의과정에서, 영국에서는 국회의 인준을 받아 계엄을 발표한 경우가 있어 국회 심의과정에서도 국회인준 을 고려했는데, "지금 세계 각국이 국회의 인준을 받지 않고 대통령이 할 수 있게 권한을 주었"던 상황을 참작했다고 설명하였다.[77]

김장렬 의원은 다른 나라 헌법에서 규정하고 있는 대통령 명령이나 계 엄령을 언급하면서 광범위하게 "모든 국가를 참고"로 하였음을 밝혔다. 그는 '이탈리아와 터키 헌법에서 계엄령과 관계된 대통령 명령은 국회의 원, 또는 국무총리와 국무위원의 부서(副署)가 없으면 효력을 발생하지 않는다'고 지적하고, 계엄령에서도 국회와 대통령의 최고명령권이 상호 관련을 맺어야 한다고 역설하였다.[78] 이진수 의원은 '영국 불란서 이태

---

76) 「계엄법안 제2회 독회」, 국회사무처, 『제5회 국회임시회의속기록』 제25호 (1949.10.27), 493~494쪽.

77) 「계엄법안 제1회 독회」, 국회사무처, 『제5회 국회임시회의속기록』 제19호 (1949.10.12), 385쪽.

78) 「계엄법안 제2회 독회」, 국회사무처, 『제5회 국회임시회의속기록』 제24호

리 미국 일본 등 외국의 예를 들면서 계엄지구에 계엄이 선포될 때에는 반드시 의원의 신분을 보장한다'고 주장하였다.[79] 그는 또 "계엄이 전국적으로 실시되면 사법 행정이 정지될뿐더러 군부에 귀일되는 까닭입니다. 딴 나라에도 그렇습니다. 길게 말씀 안드리겠습니다"라고 언급하였다.[80]

이러한 사실은 법제사법위원회의 대안이 서구 각국의 헌법과 계엄령을 일정하게 참고하여 작성되었음을 의미한다. 이는 법제사법위원회가 서구 근대국가의 헌법과 계엄령 제도를 수용하여 일제 천황제 하의 계엄령과는 달리, 대통령과 국회, 국민이라는 근대 국민국가 수준에서 계엄령의 내용과 위상을 배치하고 조절했음을 보여준다. 제헌국회는 이러한 차원에서 계엄법에 접근했기 때문에 심의과정에서 계엄선포나 해제를 둘러싼 대통령과 국회의 상호 관계와 권한 배분, 군법회의 재심을 비롯한 국민 기본권 조항 등이 주요 쟁점이 되었던 것이다. 이처럼 최종 계엄법은 서구의 계엄령 제도를 일정 수용하여 근대 국민국가의 법 체제 속에서 법제화되었다는 점에서 법 제도의 근대성을 보여준다.

또한 최종 계엄법에는 일제 계엄령으로 대표되는 제국주의 법률문화를 탈피하려는 탈식민성, 곧 한국적 계엄법을 만들려는 국회의 의지도 중요하게 작용했다. 계엄법 제정과정에서 일부 국회의원들은 일제 계엄령 제도에서 벗어나려는 의견을 표명하였다. 대표적으로 김장렬 의원은 계엄법 심의과정에서 대통령의 헌법상 계엄 선포권을 언급, 오늘날 민주국가인 우리나라에서 대통령의 계엄선포를 "일본헌법 14조에 규정된 천황의 계엄선포 전담권과 같은 규정으로 해석"한다면, "결국 군국주의를

(1949.10.26), 474쪽.
79) 「계엄법안 제2회 독회」, 국회사무처, 『제5회 국회임시회의속기록』 제24호 (1949.10.26), 484쪽.
80) 「계엄법안 제2회 독회」, 국회사무처, 『제5회 국회임시회의속기록』 제24호 (1949.10.26), 484~485쪽.

재판(再版)하는 한 규정이라고 또 해석하지 않을 수 없"다고 비판하였
다.[81] 그는 대통령의 계엄령 선포문제는 결국 우리가 "계엄법에 정하는
바에 의해서 선포할 수 있"도록 규정하는 것이라고 강조하였다.[82] 일종
의 한국식 계엄령을 강조하는 입장이었다.

마지막으로 최종 계엄법은 여순사건의 경험이 크게 반영되어 내용적
수준에서 일제 계엄령과 차별적인 새로운 형태로 구성되었다. 여순사건
은 국회의 계엄법 제정에 매우 중대한 영향을 미쳤다. 김장렬 의원은 과
거 전남 여순사건 발생 이후 계엄령이 발포되었는데, 국회에서 "그 계엄
령 때문에 많은 논의"가 있었다고 밝혔다.[83] 그는 여순사건을 언급하면
서, "그 때에 우리가 느꼈든 그 불편을 진지기 지금 이와 같은 수정안이
이런 법률이 세워졌드라면 우리 국회도 얼마나 타당화하도록 합리화하
도록 우리가 결정을 질 수 있음에도 불구하고 불행히도 그러한 것이 없
기 때문에 5백만에 달하는 이 많은 국민의 부자유라든가 일상생활 정치
생활 등등에 불행했든 것"이라고 비판하였다.[84]

2) 여순사건의 경험과 계엄령 제도의 한국화

제헌국회 의원들은 실제 여순사건을 경험에 근거하여 계엄법을 심의
하였고, 이 과정에서 국민의 인권과 기본권 보호, 국회의 통제 강화, 계
엄당국의 권한 축소에 역점을 두었다. 조국현 의원은 계엄법 심의과정에
서 "계엄이라는 두 글자만 들어도 무시무시"하다고 말하면서, "내가 있는
전남이 계엄상태가 되기 때문에 계엄의 맛을 본 나로서는 과연 이것이

---

81) 「계엄법안 제2회 독회」, 국회사무처, 『제5회 국회임시회의속기록』 제24호
   (1949.10.26), 474쪽.
82) 위와 같음.
83) 위와 같음.
84) 위와 같음.

국가에 있어서 못 쓸 것이라고 생각하고 이 법은 어쩔 수 없이 제정할지라도 계엄이 있어서는 안 될 것"이라는 입장을 나타냈다.[85] 그는 '전남 같은 곳은 계엄법이 통과되면 오늘이라도 선포를 안 한다고 누구도 보증하지 못한다'고 지적하고, 인원과 권한을 축소해야 한다고 주장하였다.[86]

김장렬 의원은 인민의 대표기관인 국회가 책임을 지고 계엄령을 발포한다는 의미에서 대통령의 계엄선포는 당연히 국회의 승인이 필요하며, 이를 계엄법 조문에 규정하는 것은 어떠한 의미로 해석하더라도 타당하다고 강조하였다.[87] 그는 특히 여순사건을 언급하면서 국회입장에서는 계엄령을 단지 여수 순천을 중심으로 하여 "그 부근 축소 거리"에 발포했더라면 일반국민의 자유나 사법 및 행정에 미치는 영향이나 불편함이 없었을 텐데, "그때 광대히 전남북도에 계엄령을 발포"하여 "전남북도 5백만 명의 국민전체가 그 법령아래서 부자유를 느껴왔든 것"이라고 비판하였다.[88]

제헌국회 의원들은 여순사건에 대한 경험과 인식을 바탕으로 법제사법위원회의 계엄법안을 심의하는 과정에서 처음 원안을 수정하거나 원안에는 없던 조항들을 추가하였다. 이는 비록 한계는 있지만, 내용적 수준에서 일제 계엄령과는 차별되는 한국적 계엄령제도, 곧 계엄령의 한국화를 가져오게 한 주요 요인이었다.

대표적으로 ① 14조에서 작전상 부득이한 경우에 국민의 재산을 파괴 또는 소화한 경우에, 원안에서는 계엄 해제 후에 보상하도록 되어 있었으나, 이는 계엄해제와 관계없이 손해가 발생한 시점부터 보상하도록 수

85)「계엄법안 제1회 독회」, 국회사무처,『제5회 국회임시회의속기록』제19호 (1949.10.12), 381~382쪽.
86) 위와 같음.
87)「계엄법안 제2회 독회」, 국회사무처,『제5회 국회임시회의속기록』제24호 (1949.10.26), 474쪽.
88) 위와 같음.

정되었다. 이 조항은 비록 계엄선포에 따른 작전상황이라 하다라도 국민의 재산피해에 대해서는 국가가 즉시 보상하도록 한 규정으로서 국민의 재산권을 보호하고 신속히 구제하기 위한 것이었다. 이 조항은 여순사건시 군경의 토벌작전으로 지역 주민들의 재산이 소각되거나 파괴되어 사회적으로 논란이 되었던 경험이 반영되었다. 이 조항에 대해, 백관수 법제사법위원장은 여수 순천사건 이후 항간의 말이나 정부에 대한 국민의 신망 등을 고려하여, 군사상 불가피하게 재산을 파괴 또는 불사르거나 없앤 경우에 반드시 보상해야 한다는 뜻이라고 밝혔다.89)

② 제16조의 비상계엄 지역 내의 군법회의 재판 대상에 처음 원안에 없던 22항의 횡령 배임죄가 추가되었다. 이는 계엄실시 지역 내에서 지방관리 및 군경당국의 부당한 권력행사와 횡포를 통제하기 위한 조항으로서 황두연 의원의 제안으로 포함되었다. 계엄법안 심의과정에서 황두연 의원은 여순사건 당시 계엄지대에서 시국대책위원회가 군경에 대한 보급을 빙자하여 민중에게 금품을 모집하여 중간에서 착취하고 횡령했던 사실을 지적하면서 이 조항의 삽입을 주장하였다.90)

③ 제17조의 계엄선포 중 국회의원은 현행범을 제외하고는 체포 구금되지 아니한다는 조항은 원안에는 없었으나 심의 과정에서 추가되었다. 이는 국회가 국민을 대변하여 계엄당국을 견제하기 위한 조항으로서 많은 국회의원들의 지지를 받았다. 이 조항의 신설은 국회의원의 특권을 보장하는 조항이라는 비판도 있었으나, 여순사건 당시 황두연 의원이 국회 회기 중임에도 계엄당국에 체포되어 고초를 당한 사건이 많은 영향을 미쳤다.91)

---

89) 「계엄법안 제1회 독회」, 국회사무처, 『제5회 국회임시회의속기록』 제19호 (1949.10.12), 390쪽.
90) 「계엄법안 제2회 독회」, 국회사무처, 『제5회 국회임시회의속기록』 제24호 (1949.10.26), 481쪽.
91) 「박순석·유성갑 의원 발언」(「계엄법안 제2회 독회」), 국회사무처, 『제5회 국

④ 제19조에 군법회의 재판을 받은 사람이 불복할 경우, 재심을 요구할 수 있는 조항은 원안에는 없었으나, 심의 과정에서 추가되었다. 이는 국회 심의과정에서 중요한 쟁점으로 부각되어 격렬한 찬반토론이 이루어 졌는데, 무엇보다 국민의 기본권과 인권을 보호하려는 의지가 반영된 것이었다. 이 조항의 신설은 여순사건으로 설치된 군법회의의 자의성과 폭력성이 강력한 영향을 미쳤다. 여순사건 직후 이른바 '반란지구'에서 군사재판을 받아 처벌받은 사람들 가운데는 반란과 관계없는 '양민'이 섞여 있었고 이들을 구출해 달라는 진정서가 빗발쳤다. 김장렬 의원 외 63명은 국회에 긴급 동의안을 제출하였고, 전남출신 의원들은 군부와 직접 교섭하거나 대통령에게 선처를 요청하기도 했다.[92] 김장렬 의원은 작년 10월 계엄령이 발포한 이래 무고한 생명이 셀 수 없을 만큼 무기 또는 사형을 받았지만, 단심이기 때문에 억울한 사람들이 구제받지 못했다고 비판하였다.[93] 이성학 의원은 과거 여순사건 때 전남지역 국회의원이 참모총장에게 재심을 요구한 사실을 지적하면서, 재심은 법리론적 문제라기보다는 오늘날 실지 문제라고 강조하였다.[94]

⑤ 제21조에서 국회가 계엄해제를 요구할 때 대통령이 해제하도록 규정한 조항은 처음 원안에서는 비상계엄에 국한되었으나, 심의과정에서 비상계엄 경비계엄 관계없이 모든 계엄에 대해 국회가 해제를 요구할 수 있도록 수정되었다. 이는 국회가 대통령의 계엄선포에 대해 견제할 수 있도록 국회의 권한과 기능을 확대한 것이었다.

⑥ 법제사법위원회의 계엄법안 제19조에서는 군법회의에서 언도한 사

회임시회의속기록』 제24호(1949.10.26), 484~485쪽.

92) 『서울신문』 1949.4.22.

93) 「계엄법안 제2회 독회」, 국회사무처, 『제5회 국회임시회의속기록』 제24호 (1949.10.26), 487쪽.

94) 「계엄법안 제2회 독회」, 국회사무처, 『제5회 국회임시회의속기록』 제24호 (1949.10.26), 488쪽.

형판결의 확인에 대해 대통령이 필요할 경우 계엄사령관에게 위임할 수 있도록 하였으나, 국회 심의과정에서 이 조항 자체가 폐기되었다. 국회 의원들은 이 조항을 근거로 현지 계엄사령관이 대통령의 확인권을 위임받아 사형판결이나 집행을 자의적으로 남발하는 것을 우려하여 반대하였다. 이 조항의 폐기는 계엄지대에서 계엄사령관의 자의적 권력행사를 방지한다는 점에서 중요한 의미를 지닌다.

이처럼 법제사법위원회가 제출한 계엄법안은 심의과정에서 수정되거나 새로운 조항들이 추가되었고, 최종 계엄법은 새로운 내용으로 재구성되었다. 최종 계엄법에는 국민 재산권 보호조항으로서 작전 중 발생한 재산피해에 대한 보상, 인권보호 조항으로서 군법회의 재심인정, 군법회의 사형판결의 확인 권한을 대통령에게만 부여, 국회의 대통령 계엄선포에 대한 통제로서 비상과 경비계엄 모두에 대한 해제 요구 등 새로운 조항들이 포함되어 확정되었다.

이러한 조항들은 일제 계엄령이나 서구 계엄령에 없는 차별적인 내용으로서 한국적 계엄령 제도의 독자성, 곧 계엄령의 한국화를 보여주는 사례이다. 여기에는 물론 여순사건의 경험이 결정적 영향을 미쳤다. 곧 계엄법 없는 상태에서 계엄령이 선포된 여순사건의 부정적인 경험은 역설적으로 계엄법 제정과정에서 국민의 인권과 재산보호, 그리고 국회의 통제와 감시 기능을 강화하는 중요하고도 긍정적인 영향을 미쳤다.

결국 최종 계엄법은 일제 계엄령의 모방과 탈피, 서구 국가의 근대적 계엄령 제도의 수용, 그리고 여순사건이라는 한국적 경험을 바탕으로 법체제와 내용에서 차별적인 특징을 지니게 되었다. 최종 계엄법은 일제 계엄령 제도의 모방과 탈피라는 식민성과 탈식민성, 서구 국가 계엄령 제도의 수용이라는 근대성, 여순사건에 따른 한국 경험의 창조라는 자생성, 이들 네 가지 요소의 융합 속에서 주조되었으며, 이는 계엄령의 한국화를 의미하였다.

최종 계엄법은 비록 법 체제와 구조에서 일본 계엄령을 토대로 형성되었지만, 계엄법의 내용이나 문화에서는 일제 계엄령을 일정하게 탈피하여 계엄령 제도의 독자화, 한국화를 이루었다는 의미를 갖고 있다. 여기에는 계엄법 제정과정에서 제헌국회 법제사법위원회가 일제 계엄령에서 벗어나 서구 각국의 헌법과 계엄령을 참조하고, 특히 중요하게는 여순사건으로 대표되는 한국의 자생적 경험을 반영한 점이 크게 작용하였다. 여순사건의 영향으로 국민의 기본권과 인권, 재산권을 보호하는 조항이 포함되었고, 이는 계엄령의 독자화, 한국화를 가능하게 한 실질적인 요소였다.

3. 예외상태의 제도화와 계엄통치의 공포

1) 제헌국회의 계엄법에 대한 인식과 그 한계

계엄법의 주요 목적은 비상시기에 무력을 동원하여 사회를 통제하고 위기상황을 극복하는데 있으므로 여기에는 자연히 헌법이 규정한 국민 기본권에 대한 침해가 내제되어 있다. 최종 계엄법은 국가의 비상입법으로서 사회질서 유지나 회복을 목적으로 하는 일반적 의미를 갖고 있지만, 한편으로 1948년을 전후한 시기에 전개된 좌우대립과 냉전문화의 산물이었다. 정부는 대통령의 예외권력으로서 계엄법 권력을 동원하여 반란이나 사회운동을 효율적으로 진압하여 위기를 극복하고 체제를 유지하는데 역점을 두었다. 이러한 조건과 문화는 최종 계엄법의 성격과 위상을 규정하는데 많은 영향을 미쳤다.

제헌국회는 계엄법 입법과정에서 계엄이 국민생활과 인권에 미치는 지대한 영향을 인식하고 있었지만, 헌법에 보장된 국민 기본권의 제한을

전제하면서 접근하였다. 계엄법은 국민 기본권이나 인권에 미치는 영향
보다는 국가 위기상황에서 군대를 동원하여 사회를 통제하는 군사적 목
적이나 필요성에 압도되어 제정되었다.

여기에는 당시 계엄법 제정에 참여했던 국회의원들만이 아니라 사회
일반에서 일제 계엄령 문화, 곧 계엄령 공포시 군대의 지배나 통치를 당
연시하는 문화도 크게 작용하였다. 제헌국회의 계엄법 제정에서는 무엇
보다 군사 작전, 곧 군사적 필요성이 우선시되었다. 제헌국회의 계엄법
기초나 심의과정에 참여한 국회의원들은 군사작전이나 전쟁수행의 효율
성을 강조하는 정부나 군의 논리에 큰 저항감이 없었으며, 이는 최종 계
엄법의 성격과 방향에 많은 영향을 주었다.

계엄법 기초는 처음에 국방부가 주도하였으며, 국회 심의과정에서도
군의 의견이 많이 참작되었다. 1948년 계엄법 초안은 국방부 군무국에서
기초하였고, 이는 뒤이어 1949년 6월에 제출된 외무국방위원회안의 토대
가 되었다. 이후 법제사법위원회가 대안을 작성하는 과정에서도 국방부
의 의견이 중시되었다. 법제사법위원회가 1949년 10월에 제출한 대안은
외무국방위원회에서 제출한 초안에 의지해서 '군부의 각 요인을 맞아다
가 약 1주일 이상 처음부터 끝까지 합석해서 그 양해 하에서 만들어낸
대안'이었다.[95]

또 국회 심의과정에서도 정부부처 가운데는 국방부 차관만이 질의에
답변하였다. 국방부 차관 최용덕은 계엄법 초안 심의 과정에서, 대통령
의 계엄 선포권과 국회 승인문제에 대해 답변하면서, "본래 군부의 양보
로 특히 국회에 대한 통고의무와 비상계엄의 해제 요구권을 부여한 것"
이라고 밝혔다.[96] 국방부는 계엄법안 기초와 국회 심의과정에서 국회보

---

95) 「이원홍 의원 의사진행발언」(「계엄법안 제1회 독회」), 국회사무처, 『제5회 국
　　회임시회의속기록』 제19호(1949.10.12), 380쪽.
96) 「계엄법안 제2회 독회」, 국회사무처, 『제5회 국회임시회의속기록』 제25호

다는 대통령의 권한 강화, 전쟁이나 작전수행을 위한 군사적 효율성만을 주로 중시하였다.

대통령 계엄선포 시에 계엄업무를 실제 담당했던 군은 "계엄은 국가적 위기를 극복하기 위한 법적 비상조치로서 계엄선포에 수반하여 필요한 경우에는 헌법이 보장하는 기본적 인권의 전부 또는 일부가 정지 또는 제한되는 것"[97]이라는 인식을 갖고 있었다. 이러한 인식은 계엄 선포시 헌법 일부 조항의 제한을 당연시하는 군의 기본적인 시각을 드러낸 것이지만, 계엄법 입법에 참여했던 국회의원들의 견해와 크게 다르지 않다.

제헌국회 의원들은 대통령과 계엄당국을 견제하는 차원에서 국회의 권한과 역할을 강조하였으나, 기본적으로 계엄령 제도 일반이 갖는 성격, 곧 헌법의 제한과 군의 사회통제를 부정하지 못했다. 특히 헌법에 보장된 국민의 기본권을 침해하는 계엄법 자체에 내재되어 있는 위험성을 근원적으로 성찰하는 시야가 결여되어 있었다. 당시 법제사법위원장으로서 계엄법안 입법과 심의를 주도한 백관수는 "계엄이라는 것은 국가비상시에 있어서 군에 대한 힘으로 행정이라든지 사법이라든지 그것을 관장하고 다른 법률에 의거하지 않고 국민의 권리와 의무를 구속하고 제한하는 것"이라는 인식을 갖고 있었다.[98] 곧 헌법에 보장된 국민 기본권을 제한 또는 정지시킨다는 인식 아래 계엄법에 접근하고, 이를 입법화·제도화시키고자 했다.

김장렬 의원은 "계엄법은 즉 말하자면 국민의 자유를 극도로 축소하고 사법행정(司法行政) 조장행정(助長行政) 전부를 단순화로 해서 모든 것이 군령 하에 움직이게 된다고 하는 것을 규정하는 법"이라고 강조하였

(1949.10.27), 493쪽.

97) 원세권, 앞의 책, 서문 참조.

98) 「계엄법안 제1회 독회」, 국회사무처, 『제5회 국회임시회의속기록』 제19호 (1949.10.12), 379쪽.

다.99) 장홍염 의원은 "계엄하면 사법이나 행정 전부가 군부로 귀일하는 것"이며, 군부에서 정권을 가지게 된다고 주장하였다.100) 따라서 박찬현 의원은 계엄이 선포되면 인민을 대표하는 국회의원의 입장에서는 민권을 보호해야 한다는 입장이지만, "국민은 국군을 중심으로 해가지고 삼권은 총 집결해서 이러한 사태 수습에 매진하지 않으면 안 될 중대한 시기"라고 생각하였다.101) 이성학 의원은 계엄법이 공포가 될 것 같으면 모든 것이 혼란이 일어나고 군의 일방적 행동에 맡기는 것이 가장 편리할 줄 생각"한다는 인식을 갖고 있었다.102)

결국 제헌국회 의원들은 계엄법 제정과정에서 헌법상 보장된 국민의 기본권 제한과 군의 통치라는 전제 아래 접근했다. 이러한 인식은 계엄법에서 국민의 인권이나 기본권을 확대하지 못하는 한계로 작용하였으며, 계엄법의 성격과 위상을 규정하는데 중요한 영향을 미쳤다.

제헌국회 일부 의원들은 계엄법 심의과정에서 국민의 기본권을 보호하는 측면보다는 반체제 운동이나 사회비판 세력의 단속에 관심을 기울였다. 여기에는 물론 계엄법이 제주 4 · 3사건과 여순사건의 영향 속에서 제정된 환경도 작용했지만, 계엄법 권력의 범위나 수준을 극대화하여 사회를 통제하려는 전통적 인식이 반영되어 있다. 일부 국회의원들은 계엄법 제정과정에서 국가위기나 외부의 침략에 대응하는 법 본래의 목적보다는 사회 내부의 적을 제거하는데 더 관심을 기울였다.

조헌영 의원은 계엄법 제17조 국회의원 불체포 조항의 신설을 반대하

99) 「계엄법안 제2회 독회」, 국회사무처, 『제5회 국회임시회의속기록』 제24호 (1949.10.26), 473쪽.
100) 「계엄법안 제2회 독회」, 국회사무처, 『제5회 국회임시회의속기록』 제24호 (1949.10.26), 486쪽.
101) 「계엄법안 제2회 독회」, 국회사무처, 『제5회 국회임시회의속기록』 제24호 (1949.10.26), 483쪽.
102) 「계엄법안 제2회 독회」, 국회사무처, 『제5회 국회임시회의속기록』 제24호 (1949.10.26), 479쪽.

면서 이 조항을 신설할 경우, 국회의원 가운데 현 정부를 지지하지 않은 사람들이 법을 역용, 내란에 가담하여 사태를 악화하고 조장할 우려가 있다고 주장하였다.[103] 계엄법 16조에서 군법회의 재판 관할권의 범위를 규정한 부분에서는 반정부, 반체제 운동의 통제에 필요한 내용이 대부분 포함되었으며, 이는 계엄통치에 필요한 조항이기도 했다. 16조에는 내환·외환·내란·살인·방화를 비롯하여 국가체제 유지에 필요한 중요한 형법들이 대부분 망라되었다. 곧 16조에 제시된 '죄종(罪種)은 본래 현행 형법에 기재된 각종 죄종 가운데의 중요한 것을 열거한 것으로서 비상계엄을 유지하고 치안을 유지하는 데 가장 필요'한 것이었다.[104]

계엄법안 심의과정에서 정광호 의원 외 10명은 계엄지구에서 국가보안법을 위반한 사람을 처벌할 수 있도록 계엄법안 16조 제1호에 국가보안법 항목을 추가하자는 수정안을 제출하기도 했다. 특히 서우석 의원은 국가보안법은 내환(內患)의 예비음모죄를 처단하는 조항이 있으므로 처벌의 범위를 넓히고 보다 엄중하게 처벌하기 위해 포함시킬 것을 주장하였다. 그는 국가보안법에는 국가를 전복하거나 그러한 단체를 조직하는 행위를 처벌하는 규정이 있기 때문에 비상계엄시에 필요하고 반드시 삽입할 것을 역설하였다.[105] 이에 대해 최용덕 국방부 차관은 16조에서 「내란에 관한 죄」에 국가보안법이 포함된다는 입장을 밝혔다.[106] 서이환 의원은 법을 제정할 때에 여러 논의가 있었지만, 국가보안법의 내용은

103) 「계엄법안 제2회 독회」, 국회사무처, 『제5회 국회임시회의속기록』 제24호 (1949.10.26), 485쪽.
104) 「계엄법안 제2회 독회」, 국회사무처, 『제5회 국회임시회의속기록』 제24호 (1949.10.26), 482쪽.
105) 「계엄법안 제1회 독회」, 국회사무처, 『제5회 국회임시회의속기록』 제19호 (1949.10.12), 388쪽; 「계엄법안 제2회 독회」, 국회사무처, 『제5회 국회임시회의속기록』 제24호(1949.10.26), 480·482~483쪽.
106) 「계엄법안 제1회 독회」, 국회사무처, 『제5회 국회임시회의속기록』 제19호 (1949.10.12), 389쪽

16조에 열거된 내란에 관한 죄, 외환에 대한 죄, 소요죄, 살인죄, 방화죄 등과 중복되기 때문에 삽입할 필요가 없다는 입장이었다.[107]

이러한 사실은 계엄법이 내전국가, 비상국가 체제에서 대중반란이나 사회 저항운동을 진압하는 정치적 수단, 곧 일종의 계엄통치의 기제로 제정되었음을 의미한다. 실제로 제주 4·3사건과 여순사건을 거치면서 국가는 내전상태에 대응하는 비상국가 체제로 이행하고 있었다. 계엄법 제정은 바로 대통령 예외권력, 비상권력의 제도화를 뜻하며, 이는 계엄 통치의 일상화로 나아갈 가능성을 열어놓은 조치였다. 계엄통치의 일상화는 아감벤이 말한 예외상태의 일상화와 크게 다르지 않은데, 이는 최종 계엄법 자체에 일정하게 내재된 문제였다.

2) 예외상태의 제도화로서 최종 계엄법

최종 계엄법은 당시 제주 4·3사건, 여순사건으로 대표되는 내전국가, 비상국가의 특성을 반영하여 국가 긴급권을 법제화하였다는 의미를 담고 있다. 이는 무엇보다 비상국가 체제에서 대통령의 계엄선포권이라는 행정명령 형태로 계엄법 권력을 입법화, 제도화한 것이었다.

이진수 의원은 '전국적 계엄이 선포될 때는 사법 행정 입법이 모두 정지되고 군부에 귀일되는 초비상시'라고 강조하였다.[108] 박찬현 의원은 "원래 계엄이 선포되거나 혹은 계엄이 선포될 객관 정세는 국가의 운명을 좌우하는 이러한 중대한 시기"이자, "지극히 위험한 시기"라고 주장하였다.[109] 이러한 비상체제 또는 예외적 상황에서 대통령의 계엄법 권력

---

107) 「계엄법안 제1회 독회」, 국회사무처, 『제5회 국회임시회의속기록』 제19호 (1949.10.12), 389쪽; 「계엄법안 제2회 독회」, 국회사무처, 『제5회 국회임시회 의속기록』 제24호(1949.10.26), 480~481·483쪽.
108) 「계엄법안 제2회 독회」, 국회사무처, 『제5회 국회임시회의속기록』 제24호 (1949.10.26), 484~485쪽.

은 정당화되었다.

정부와 대통령은 계엄법 제정을 계기로 비상권력으로서 계엄법 권력을 동원하여 대중반란이나 사회운동을 진압하고 계엄통치를 실시할 수 있는 법적 기반을 구축하였다. 실제로 계엄법의 목표는 외부의 적보다는 반체제, 반정부 운동의 대응전략으로서 내부의 적과 싸우기에 집중되었다.

최종 계엄법은 대통령의 비상권력 또는 예외권력의 제도화, 나아가 예외상태의 일상화를 의미한다. 최종 확정된 계엄법은 심의과정에서 국민의 인권과 재산권 보호와 같은 조항들이 일부 반영되었지만, 한편으로 예외상태를 법제화, 일상화하였다는 의미를 지니고 있다. 계엄법은 기본적으로 군사력에 의한 민간의 지배와 사회통제, 정치의 종속과 같은 계엄통치의 일상화를 열어놓았다.

대통령의 계엄선포권과 국회의 해제요구권을 둘러싼 대립에서 나타나듯이, 제헌국회는 계엄법안 심의과정에서 주로 대통령과 국회 사이의 권한 배분이라는 권력정치 차원에서 계엄법에 접근하였다. 반면에 제헌국회는 국민의 기본권과 관계된 중요한 조항들의 의미나 문제점을 제대로 검토하지 못하거나 후속조치를 마련하지 못한 한계를 드러냈다. 제헌국회는 계엄법안 심의나 조문과정에서 국민들을 계엄통치의 공포에 노출시키고 예외상태를 일상화시킬 수 있는 조항들을 제대로 수정 또는 보완하지 못했다.

대표적으로 최종 계엄법 10~11조에서 경비계엄과 비상계엄의 효력을 구분하면서 계엄사령관의 행정 및 사법사무에 대한 관장 권한을 규정했으나 그 구분이 명확하지 않았다. 경비계엄에서 계엄사령관의 권한을 군사에 관한 행정 및 사법사무로 정의했으나, 그 범위나 한계가 분명하지 않아 계엄사령관의 자의적인 권력행사를 통제하기 어려웠다. 계엄지역

---

109) 「계엄법안 제2회 독회」, 국회사무처, 『제5회 국회임시회의속기록』 제24호 (1949.10.26), 483쪽.

에서 계엄사령관의 권한과 그 범위에 대한 문제는 매우 중요한 사항임에
도 국회 심의과정에서 제대로 논의되지 못했다.

또 계엄법 제14조에서 비상계엄 지역의 계엄사령관은 징용·징발과
함께 작전상 필요로 국민의 재산을 파괴 또는 소화할 수 있도록 하였다.
이 조항은 군경이 이른바 토벌작전에서 작전의 효율성을 내세워 민간인
가옥이나 부락을 파괴하거나 소각할 수 있는 법적 근거가 되었다. 이 조
항은 일제 계엄령 제14조 제5항에서 계엄사령관에게 "전황에 따라 어쩔
수 없는 경우에는 인민의 동산, 부동산을 파괴·훼소(燬燒)"할 수 있는
권한을 부여한 것을 모방한 것이다.[110] 다만, 징발법에 근거한다 하더라
도 징용이나 징발은 일제 계엄령에도 없는 조항이었다. 계엄법 제14조는
일제 계엄령과는 달리, 작전상 파괴한 재산에 대해서는 보상을 규정하여
국민의 재산권을 보호했다는 의미는 있다. 일제 계엄령에서는 계엄지역
에서 계엄사령관의 권한집행으로 발생하는 손해에 대해 배상을 요구할
수 없도록 규정하였다. 그러나 최종 계엄법 14조의 보상조항은 구체적인
시행령도 없어 유명무실하게 되었으며 결국 현실적인 의미를 갖지 못하
였다.

다음으로 계엄법 16조는 비상계엄지역에서 군법회의가 재판할 수 있
는 범죄의 범위, 곧 군법회의 재판 관할권을 규정한 조항으로 매우 중요
한 사안임에도 제대로 논의되지 않고 통과되었다. 이 조항은 첫째로 군
법회의 재판 관할권의 광범위한 확대, 둘째 민간인에 대한 군법회의 재
판권의 공식화라는 점에서 논란이 될 수 있는 사안이었다. 이 조항은 원
래 일제 계엄령 제11조 합위지경 내에서 군사재판 관할권을 모방한 것이
었으나, 일제 계엄령에서는 "군사에 관련된 민사 및 이하 열거하는 범죄"
로 제한되었고, 주요 범위도 형법에서 국가안보나 치안질서 유지에 필요

---

110) 「계엄령」, 조선총독부 편찬, 앞의 책, 7~8쪽 참조.

한 범죄가 대상이었다.[111]

이에 비해 계엄법 16조에 규정된 군법회의 재판 관할권의 범위는 내란·외환·소요죄 등 국가 안보관련 조항만이 아니라 문서위조·간음·상해·절도·강도·장물죄 등 형법 일반을 망라하여 비상계엄시 군법회의에서 민간인의 모든 범죄행위를 처벌할 수 있었다. 다만 계엄사령관이 당해 관할법원으로 하여금 재판할 수 있게 하는 단서조항을 붙여 놓아 민간인이 일반법원에서 재판받을 수 있는 길은 있었으나, 이는 부차적인 조항이었다.

계엄법 16조에 열거된 민간인에 대한 군법회의 재판 관할권은 일제 계엄령에서 규정한 내용보다 그 범위가 훨씬 확대된 것이었다. 계엄법 16조는 국가 비상사태나 전쟁 등에 대응하기 위한 계엄법 본래의 목적을 넘어 국민들의 일상생활을 전면적으로 통제할 수 있는 조항이었다. 군법회의 재판 관할권의 과도한 확대는 계엄지대에서 계엄통치를 일상화시키는 법적 근거이자 기반이었다.

다음으로 계엄법 19조에서 군법회의 재심을 허용한 것은 인권보호에 중요한 조항이었다. 이 조항의 기원은 원래 일제 계엄령 제13조 합위지경 내에서 군아(軍衙)재판은 공소나 상고를 할 수 없도록 한 규정에서 비롯되었으며,[112] 법제사법위원회 계엄법안에서도 처음에는 군법회의는 단심제로 하며 상소를 하지 못하도록 규정되었다. 그러나 국회 심의과정에서 국민의 생명권과 인권보호 차원에서 재심이 가능하도록 수정되었으나, 관련 시행령 제정이나 보완대책이 마련되지 않아 실제 운영에서는 사문화되었다.

최종 계엄법에서 계엄통치에 따른 예외상태를 제도화, 일상화시킬 수 있는 가장 핵심적인 조항은 13조이다. 계엄법 13조는 비상계엄 지역에서

---

111) 위와 같음.
112) 위와 같음.

계엄사령관이 군사상 필요할 때, 체포·구금·수색·거주이전·언론출판·집회나 단체행동에 관하여 특별한 조치를 할 수 있는 권한을 부여했으며, 이는 계엄법 전체의 성격을 규정하는 중요한 조항이었다. 이 조항에서 "특별한 조치"의 의미는 헌법에 보장된 국민의 기본권을 제한하는 것으로서 법원의 영장 없는 체포나 구금, 작전지역에서 부락민의 강제이주나 소개, 출판이나 단체행동 금지 등의 조치를 뜻하는 것이었다.[113] 이 조항은 국민의 기본권을 심각하게 침해한다는 점에서 헌법과도 모순되고 충돌하는 조항임에도 국회 심의과정에도 전혀 논의되지 않고 통과되었다.

이 조항은 크게 보면, 일제 계엄령 제14조의 계엄지역에서 계엄사령관이 집행할 권한으로 규정된 내용, 예를 들면 제1항의 집회, 신문이나 광고 등의 정지, 제6항의 인민의 가옥, 건조물 등에 대한 검찰, 제7항의 지역의 퇴거 등을 모방한 것이었다. 그러나 일제 계엄령 제14조에는 법원의 영장이나 재판을 필요치 않은 체포나 구금, 거주이전 등에 대한 특별한 조치가 규정되어 있지 않다.[114]

이러한 점에서 비상계엄 지역의 계엄사령관에게 "특별한 조치"를 부여한 계엄법 13조는 전체주의 시대의 일제 계엄령보다 더 전제적인 성격을 지니고 있으며, 이는 계엄통치를 넘어서 계엄독재로 나아갈 수 있는 요소였다. 사실 비상계엄지역에서 계엄법 13조가 적용될 경우, 계엄법에 규정된 국민 인권과 생명권 보호, 재산권 보상 등의 의미는 무력화되고 상실된다. 결국 계엄법 13조는 헌법에 규정된 국민의 기본권을 제한하는 조치를 합법화했다는 점에서 계엄통치 지역에서 예외상태를 일상화하는 법률이었다.

---

113) 원세권, 위의 책, 40~41쪽.
114) 계엄령」, 조선총독부 편찬, 앞의 책, 7~8쪽 참조.

3) 계엄통치의 일상화와 공포정치

최종 계엄법이 계엄통치의 일상화와 공포정치로 나아갈 위험성은 이미 계엄법 제정과정에서 예견되고 있었다. 이성학 의원은 계엄법이 공포되면 "국민의 생활이라는 것이 전면적으로 위협을 받고 여러 가지 혼란한 이런 경우가 생길 것을 우리가 상상할 수 있을 것"이라고 예상했다.[115] 박찬현 의원은 계엄이 선포되면, "헌법에 규정한 인민의 자유권을 극도로 제한"할 뿐만 아니라 단심제로 된 군법회의에서 즉결 등을 통해 국군의 횡포가 극도로 예상되고 우려된다고 밝혔다.[116] 유성갑 의원은 여순사건을 언급하면서 "계엄령만 펴면 어떤 사람이고 총살도 할 수 있고 즉결처분도 할 수 있다. 그러한 관념이 있으면 큰일"이라고 지적하였다.[117] 장홍염 의원은 계엄이 실시되면, '반대정당을 무조건으로 좌측통행하는 것을 우측통행한다고, 술 먹는데 늦게까지 먹었다고 해서 잡아갈 수 있다'고 염려하였다.[118]

국회의원들의 이러한 발언은 계엄법에 대한 즉자적 관념과 인식을 표현하고 있지만, 여기에는 기본적으로 계엄통치의 폭력성에 대한 공포심이 내재되어 있다. 더 중요한 문제는 계엄통치의 폭력성에 대한 공포가 단순한 예상이 아니라 당시의 현실을 반영하고 있으며, 무엇보다 계엄이 실시되었던 지역의 일상생활과 크게 다르지 않다는 점이다. 실제로 정부는 여순사건으로 선포된 계엄령을 1949년 2월 5일에 공식 해제하였지만,

---

115) 「계엄법안 제2회 독회」, 국회사무처, 『제5회 국회임시회의속기록』 제24호 (1949.10.26), 479쪽.
116) 「계엄법안 제2회 독회」, 국회사무처, 『제5회 국회임시회의속기록』 제24호 (1949.10.26), 483쪽.
117) 「계엄법안 제2회 독회」, 국회사무처, 『제5회 국회임시회의속기록』 제24호 (1949.10.26), 485쪽.
118) 「계엄법안 제2회 독회」, 국회사무처, 『제5회 국회임시회의속기록』 제24호 (1949.10.26), 486쪽.

군경이 주둔한 지역주민들은 계엄령 실시 때와 큰 차이가 없는 생활을 하고 있었다.

지리산 전투지구 총지휘관 김백일 대령은 1949년 12월 25일 정오부터 전투지구에서 일반 관민의 통행을 제한한다는 포고문을 발표하였다. 그 내용은 남원군·구례군을 비롯하여 함양군·산청군·하동군 등에 살고 있는 일반 관민은 "이유 여하를 막론"하고 거주지구에서 100m를 벗어나지 못하며 이를 어기는 사람은 "적 또는 이적행위자로 간주하고 무조건 사살"한다는 방침이었다.[119] 군경당국은 계엄령을 공식 해제한 뒤에도 이른바 포고문을 발표하여 주민들의 일상생활을 통제하고 있었던 것이다.

또한 1950년 1월 17일에 열린 제6회 7차 국회 본회의에서, 국회의원들은 계엄이 실시되었던 지역에서 군경의 횡포와 민간인 학살 의혹을 제기하였다. 당시 정부는 계엄령을 공식 해제하였지만, 지역에 주둔한 군경의 폭력과 횡포는 여전하였다. 이 회의에서 김수선 의원은 강제공출을 시행하는 과정에서, "동원된 군경이 가가호호(家家戶戶)에 들어가니 총칼로 견제하면서 한 마디 해도 총살, 두 마디도 총살, 세 마디도 총살, 일단 민중은 총살바람에 정신을 못 차리고 있다"고 주장하였다.[120] 그는 당시 '군경이 한 가난한 농가에서 국민학교 4학년에 다니는 아이를 무참하게도 총살'했는데, 일반에서는 "그날 동원된 군경이 아침 낮술을 먹고 개를 쏘아 죽이려고 하다가 그 집 아이를 쏘아 죽였다"고 얘기하고 있다고 소개하였다.[121] 그는 지금 군민의 민심동태를 보면, "자포자기의 극에 도달"하여 "어느 사람마다 이래서는 못 살겠다"고 말하고 있다고 강조하

---

119) 『자유신문』 1949.12.30.
120) 「양곡매상을 위하여 양민총살사건에 관한 조사단파견에 관한 건」, 국회사무처, 『제6회 국회정기회의속기록』 제7호(1950.1.17), 117~118쪽.
121) 위와 같음.

였다.[122] 정부의 계엄령 해제 이후에도 폭력과 공포정치가 주민들의 일상생활을 지배하고 있었다.

특히 유성갑 의원은 국회에서 군경이 목포형무소 탈옥 사건을 진압하는 과정에서 저지른 이른바 목포인육배급(木浦人肉配給) 사건을 보고했는데, 이는 일반 주민들이 계엄령 공간에서 느끼는 공포정치가 어떠한가를 잘 보여주고 있다. 목포형무소 탈옥사건은 1949년 9월 14일 발생하여 곧 진압되었지만, 계엄통치와 군경의 폭력은 1950년 들어서도 계속되었다. 당시 목포형무소 탈옥사건이 발생하자, 광주에 주둔 중이던 5사단장 백선엽은 이른바 "반도소탕"을 위해 "즉시 계엄령을 선포"하는 동시에 야간통행 금지를 실시하고 위반자에 대해서는 발포를 했다.[123]

이른바 목포인육배급사건은 이 과정에서 발생했다. 유성갑 의원은 당시 군경이 "탈옥수 가운데의 70여 명을 트럭으로 몇 차례에 나눠서 싣고 밤 10시 반부터 11시까지 시내 유지"나 "그 당에 관계있는 유지들 또는 거기에 간접으로 관계있는 사람들 집 앞에 내리게"하고 하나씩 "총살"을 했으며, 심지어 "어느 사람 장독 앞에는 셋을 내려놓고 총살을 했다"는 말도 들었다고 밝혔다.[124]

여기에서 중요한 사실은 계엄령이 공식 해제되고 사건이 발생한지 4개월이나 지난 1950년 1월까지도 계엄상태와 마찬가지로 여전히 주민들은

---

122) 위와 같음.
123) 장홍염의원은 이 과정에서 "야간통행 애매한 자를 쏘았습니다....여관에서 조사해 보고 여관에서 쏘았고, 길가에서 쏘았고....."라고 말하였다. 「양곡매상을 위하여 양민총살사건에 관한 조사단파견에 관한 건, 장홍염의원 발언」, 국회사무처, 『제6회 국회정기회의속기록』 제7호(1950.1.17), 118~121쪽.
124) 유성갑 의원은 목포인육배급시간에 대해, 9월 국회 개회 직전에 고향에 갔다가 오는 길에 광주에서 신문에서 경찰국 모씨의 담화로서 '목포의 탈옥수를 무슨 당의 문전에서 많이 죽였다는 것은 유언비어'라고 쓰여 있는 것을 보았으며, 그 뒤에 목포의 여러분들을 통해서 그 사실을 들었다고 말하였다. 「양곡매상을 위하여 양민총살사건에 관한 조사단파견에 관한 건」, 국회사무처, 『제6회 국회정기회의속기록』 제7호(1950.1.17), 118~121쪽.

군경의 폭력에 공포심을 느끼고 있었다는 점이다. 유성갑 의원은 이 사
건에 대해, "목포시내 전 시민은 다 알고 있고", 또 "그러한 일을 당한 사
람은 다 알고 있지만……직접 본 사람도 있지만 무서워서 말을 하지 못하
고 죽을까봐 말을 하지 못하고"고 있다고 강조하였다.125)

이 사건은 처음에 목포지역 출신인 강선명 의원이 보고하기로 하였으
나, "무서워서 말을 못한다"고 하여 유성갑 의원이 대신 보고하였다. 유
성갑 의원은 이 사건 때 강선명 의원도 '문 앞에 하나를 배급받았는데,
탄환이 현관을 뚫고 들어갔다는 소리도 들었다'고 밝혔다.126)

이러한 사실은 계엄실시 지역에서 계엄통치의 폭력성과 공포정치가
만연하였음을 말해주고 있다. 계엄령이 시행되는 공간에서 군경의 폭력
은 일종의 사회적 관행이었다. 계엄실시 지역의 일반주민들이 계엄법 권
력이 휘두르는 폭력이나 불법에 맞서 저항하기는 어려운 일이었다. 계엄
령 제도나 문화에서 법과 실제 집행 사이에는 큰 간격이 있었고, 이러한
상호 괴리 속에서 군경의 자의성이나 폭력성은 통제하기 어려운 수준으
로 발전하였다.

계엄지대 또는 군경주둔 지역에서 일반 주민들은 군경의 행정명령이
나 지시가 법적 요건에 충족하는지 판단하기 어려웠고, 비록 불법적인
명령이라 하더라도 현실적으로 거부할 수 없었다. 폭력 앞의 항의는 곧 죽
음을 의미했기 때문이었다. 계엄실시로 군경이 주둔한 지대는 국민의 기
본권은 물론이고 생존 자체도 담보하기 어려운 일종의 무방비 도시였다.
예외상태가 일상화된 무방비 도시에서의 생활은 그 자체가 공포였다.

결국 계엄법의 제정은 비상국가에서 대통령의 예외권력, 국가 긴급권

125) 위와 같음.
126) 유성갑 의원은 "이것은 아무리 숨기려야 숨길 수가 없는 사실인데 이것을 5,
6개월 숨기고 있으며 민심에 미치는 영향"이 좋지 않다고 지적하면서 사건을
규명하고 조사할 것을 제안하였다. 위와 같음.

을 제도화하는 수준을 넘어서 예외상태를 일상화하는 형태로 발전하고
있었다. 이는 계엄법 권력을 앞세운 공포정치였다. 국회가 계엄해제 요
구권을 바탕으로 대통령과 군의 계엄통치를 견제할 수는 있었으나, 이에
대한 규정도 명확하지 않아 대통령의 선택에 의존해야 하는 상황이었다.
국회는 대통령의 계엄선포권을 통제할 수 있는 장치를 갖고 있지 않았으
며, 계엄해제 요구도 정부나 대통령의 뜻에 달려있다는 점에서 큰 의미
를 두기 어려웠다. 나아가 계엄통치의 가장 중요한 행위인 군법회의 판
결의 위법성, 정당성을 심사할 수 있는 사후적 제도나 장치도 마련되지
않았다. 이러한 계엄법 체제는 계엄통치, 계엄독재를 넘어서 예외상태를
일상화, 제도화하는 수준으로 나아가고 있었다.

맺음말

제헌국회의 계엄법안은 비록 짧은 기간이지만, 여러 단계의 입법제안
과 검토, 국회 심의를 거쳐 최종 확정되고 제정되었다. 한국에서 계엄법
의 입법화 · 제도화는 대략 4단계를 거쳐 완성되었다. 첫째는 1948년 12
월 국방부 군무국에서 국회에 제출한 계엄법 초안, 둘째는 1949년 6월 지
대형 의원 외 14명의 이름으로 제출한 계엄법 초안(외무국방위원회안),
셋째는 1949년 10월 법제사법위원회가 기초하여 국회에 제출한 계엄법
대안, 넷째는 1949년 10월 법제사법위원회의 대안을 기초로 심의, 수정하
여 확정한 최종 계엄법이다.

계엄법의 입법화 · 제도화는 한국적 계엄령 제도의 도입과정을 보여준
다는 점에서 중요한 의미를 갖고 있다. 최종 계엄법은 일제 계엄령 제도
의 모방과 탈피라는 식민성과 탈식민성, 서구 국가 계엄령 제도의 수용
이라는 근대성, 여순사건에 따른 한국 경험의 반영이라는 자생성, 이들

네 가지 요소의 융합 속에서 확정되었으며, 이는 계엄령 제도의 한국화를 의미했다. 한국에서 계엄법의 최종 확정은 일제 계엄령 체제에서 탈피하여 계엄령 제도의 독자화, 한국화를 이루었다는 점에서 일정한 의미가 있다. 결국 계엄법은 법 체제와 내용의 측면에서 일제 계엄령의 모방화 단계 → 단절화·차별화 단계 → 독자화·한국화 단계를 거쳐 최종 확립되었다.

이 과정에서 다른 나라의 계엄령 제도 등이 많은 참고가 되었으나, 여순사건을 비롯한 국내의 자생적 경험이 중요한 영향을 미쳤다. 여순사건에서 시행된 계엄령의 부정적 경험과 유산은 계엄법 제정과정에서 국민의 인권과 생명권, 재산권 등을 보호하는 조항이 반영되는데 긍정적인 역할을 하였으며, 계엄령의 독자화·한국화를 가능케 한 기반으로 작용하였다.

최종 계엄법은 당시 제주 4·3사건, 여순사건으로 대표되는 내전국가, 비상국가의 특성을 반영하여 국가 긴급권을 입법화한 것이었다. 계엄법은 대통령의 비상권력 또는 예외권력의 제도화, 법제화를 의미한다. 계엄법 제정으로 정부와 대통령은 대중운동이나 반정부운동에 대해 계엄법 권력을 행사하는 계엄정치, 계엄통치가 법적으로 가능해졌다. 계엄법은 외부 침략이나 전쟁에 대비하는 기능보다는 내부의 적을 제거하거나 통제하는 대응전략의 성격이 강했다.

계엄법의 제정은 비상국가에서 대통령의 예외권력을 제도화하는 수준을 넘어서 예외상태의 일상화하는 형태로 발전하고 있었다. 계엄법 권력을 앞세운 일종의 공포정치였다. 계엄실시 지역에서는 계엄통치의 폭력성과 공포정치가 만연하였다. 최종 계엄법이 계엄통치의 일상화와 공포정치로 나아갈 위험성은 이미 계엄법 제정과정에서 예견되고 있었다. 이러한 계엄법 체제는 계엄통치, 계엄독재를 넘어서 예외상태를 일상화, 제도화하는 수준으로 나아가고 있었다.

참고문헌

〈국내자료〉

◆ 국회 및 정부 간행물

대한민국국회 사무처,『제헌국회속기록』, 선인문화사, 1999.

대한민국정부 공보처,『관보』1948~1953, 여강출판사, 1987.

『대한민국관보』제10호(1948.10.25.)/제14호(1948.11.17)/제26호(1948.12.31)/호외(1949.2.5).

국무총리실,『제15회 국무회의록』(1949.2.1.).

국회사무처,『제1회 국회속기록』제17호(1948.6.23)/제21호(1948.6.30)/제26호(1948.7.6)/
　　　　　제28호(1948.7.12.)/제90호(1948.10.28)/제92호(1948.10.30)/제93호(1948.11.1)/
　　　　　제94호(1948.11.2)/제96호(1948.11.5)/제120호(1948.12.3)/제124호(1948.12.8).

＿＿＿＿＿,『제4회 국회임시회의속기록』제1호(1949.7.2.)/6호(1949.7.9)/제10호(1949.7.14)/
　　　　　제11호(1949.7.15)/제12호(1949.7.16)/제23호(1949.7.30).

＿＿＿＿＿,『제5회 국회임시회의속기록』제16호(1949.10.8.)/제19호(1949.10.12)/제24호
　　　　　(1949.10.26)/제25호(1949.10.27).

법제처 법제조사국,『현행각국헌법전』(법제자료 제1집), 1949.

＿＿＿＿＿＿＿＿＿,『각국헌법총집』(상권, 1-2), 1947.

＿＿＿＿＿＿＿＿＿,『각국헌법총집』(하권, 2), 1947.

한국법제연구회,『미군정법령총람』(국문판·영문판), 1971.

조선총독부 편찬,『조선법령집람』(상권), 조선행정학회, 1940.

◆ 주요 신문 · 잡지

『군사법연구』, 『법정』, 『법사학연구』, 『경향신문』, 『국도신문』, 『대구시보』, 『동광신문』, 『동아일보』, 『민주일보』, 『서울신문』, 『세계일보』, 『영남일보』, 『자유신문』, 『조선일보』, 『평화일보』, 『한성일보』, 『호남신문』, 『신천지』, 『한국현대사자료총서』 1~15권(김남식 · 이정식 · 한홍구 엮음, 돌베개, 1986).

◆ 국내 단행본 및 논문

고석, 『한국 군사재판제도의 성립과 개편과정에 관한 연구-국방경비법에서 군법회의법 제정시까지』, 서울대 법학과 박사학위논문, 2006.

국방부 법무과, 『군형법해설』, 국방부, 1965.

국방부 법제위원회, 『군형법령집』, 문헌사, 1954.

국방부 육군본부작전교육부, 『군법교범』, 1951.

국방부 총무국 법무과, 『군법회의법안』, 국방부, 1956.

김도창, 「계엄에 관한 약간의 고찰」, 서울대학교법학연구소, 『법학』 6권 2호, 1964.

_____, 『계엄론』, 박영사, 1968.

_____, 『국가긴급권론』, 청운사, 1981.

김상겸, 「계엄법에 관한 연구」, 한국헌법학회, 『헌법학연구』 11호, 2005.

김순태, 「제주4 · 3민중항쟁 당시의 계엄에 관한 고찰」, 민주주의법학연구회, 『민주법학』 14호, 1998.

김일수, 『적화전술, 조국을 좀먹는 그들의 흉계』, 경찰교양협조회, 1949.

김정실 편, 『세계헌장』, 삼중당, 1947.

김창록, 「1948년 헌법 제100조」, 부산대 법학연구소, 『법학연구』 39호, 1998.

김춘수, 「여순사건 당시의 계엄령과 군법회의」, 『제노사이드연구』 6호, 2009.

내무부 치안국, 『군정법령총목록』, 1956.

대한민국, 『군법회의법(안)』, 연도 미상.

문준영, 「미군정 법령체제와 국방경비법」, 『민주법학』 34호, 2007.

_____, 『법원과 검찰의 탄생』, 역사비평사, 2010.

미군정청, 『미군정관보』(1945~1948), 1~4권, 원주문화사, 1991.

박명림, 「한국의 초기 헌정체제와 민주주의: "혼합정부"와 "사회적 시장경제"를 중심으로」, 『한국정치학회보』 37권 1호, 2003.

박재우, 『신경찰법』, 대성출판사, 1948.

박종보, 「계엄제도에 관한 비교법적 고찰-미국을 중심으로」, 한양대학교 법학연구소, 『법학논총』 23권 2호, 2006.

백윤철, 「계엄법에 관한 연구-일제의 계엄령과 건국 초기의 계엄법-」, 단국대학교 법학연구소, 『법학논총』 33권 1호, 2009.

백재구, 『군형법강의』, 선경도서출판사, 1962.

법원행정처, 『구법령집』(상,하), 법원행정처, 1987~1988.

서희경, 「대한민국 건국기의 정부형태와 운영에 관한 연구-'대통령 권한의 통제'에 관한 논쟁을 중심으로」, 『한국정치학보』 35권 1호, 2001.

손성겸·최대용, 『국방관계법령급예규집 1』, 국방관계법령집 발간본부, 1950.

송기춘, 「미군정하 한국인에 대한 군정재판-미군 점령통치기 주한미군사령부문서를 중심으로」, 단국대 법학연구소, 『법학논총』 30권 1호, 1996.

시귀선, 「정부기록보존소 소장 해방이후 행형기록의 내용과 활용방안」, 『역사연구』 제7호, 2000.

신용옥, 「대한민국 헌법의 제정과 현민 유진오; 대한민국 제헌헌법 기초 주체들의 헌법 기초와 그 정치적 성격」, 『고려법학』 51집, 2008.

심희기, 「미군정기 남한의 사법제도 개편」, 『법제연구』 8호, 1995.

염정철, 『신국가보안법해설』, 삼성문화사, 1959.

오동석, 「1950년대 군법회의와 군 사법권 독립논의」, 『공법학연구』 제8권 4호, 2008.

_____, 「한국전쟁과 계엄법제」, 『민주법학』 43호, 2010.

오병헌, 「계엄법의 기원과 문제점」, 한국사법행정학회, 『사법행정』 1994년 1월호.

오시용, 『경찰관필휴』, 경기도경찰국 경무과, 1953.

원세권, 『계엄법해설』, 성모출판사, 1952.

유진오, 『나라를 어떻게 다스리나』, 일조각, 1949.

육군본부, 『감금기관교범』, 육군본부, 1952.

_____, 『계엄사』, 1968.

_____, 『육군법무관계법령급예규집』, 육군본부, 1953.

육군헌병학교, 『국군관계법령집』, 육군본부, 1950.

이상철, 「계엄법에 관한 문제점 고찰」, 안암법학회, 『안암법학』 12, 2001.

_____, 「계엄의 통치행위여부와 사법심사 가능성」, 육군사관학교, 『육사논문집』 45호, 1993.

이인호, 「전시계엄법제의 합리적 운용에 관한 고찰」, 중앙대학교법학연구소, 『법학논문집』 30호, 2006.

이재승, 「제주 4·3 군사재판의 처리방향」, 『민주법학』 23호, 2003.

_____, 「소위 제주 4·3관련 군법회의재판은 재판인가?」, 제주4·3연구소, 『4·3과 역사』 2호, 2002.

이창수, 『대한민국 헌법대의』, 동아인서관, 1948.

전광석, 「제헌의회의 헌법구상」, 『법학연구』 15권 4호, 2005.

정일권·예관수 공편, 『중공군의 유격전법 급 경비와 토벌』, 병학연구사, 1948.

조소영, 「미군정청 사법부(Department of Justice)의 기능과 역할에 관한 실증적 연구」, 『법사학연구』 30호, 2004.

치형협회, 『대한민국 행형관계법령예규집』, 1958.

한태연, 「제헌헌법의 신화」, 『동아법학』 6호, 1988.

〈국외 자료〉

◆ 영문자료

RG 332, United States Army Forces in Korea, XXIV Corps, G-2 Historical Section, 1945-47, *Politics in Korea*, 1945-48, Box 77, Report of Investigation Disturbances at Taegu.

RG 338, UN Civil Assistance Command, Korea (UNCACK), 1951, Box 17, *Monthly Report of Prisons and Jails*(Korea).

RG 338 UN Civil Assistance Command, Korea(UNCACK), 1950~1951, Entry UNCACK Unit 11110, Box 21~22, *Weekly Activities Reports*.

RG 338, UN Civil Assistance Command, Korea(UNCACK), 1952, Entry UNCACK, Box 5753, *Special Section Report*, CI&E Section.; Public Information Section, *Consolidated Semi-Monthly Activities Report*.

RG 338, KMAG, *Adjutant General, Decimal File, 1948-53*, Box 4, Files: Brig. General W. L. Roberts (Personnel Correspondence); Brig. General W. L. Roberts (Recurring Reports, 1948).

RG 407, Box 3473, *Spot Report 42*, CIC Detachment HQ. 24Th Infantry Division, 1950.

RG 407 BOX 3758 ARMY-AG CMD RPTS 49-54 25ID SPTING DOCS 1-11 OCT 50 BK 2, *War Diary and Activity Report*, 1950.

RG 554, United Nations Command Adjutant General's Section, General Correspondence (Decimal Files) 1945-1949, BOX 15, 000.5 *Crimes, Criminals and Offenses*, 1946.

RG 554, United Nations Command Adjutant General's Section, UN Civil Assistance Command, Korea (UNCACK) Adjutant General Section, Entry A-1 1303, Team Reports, 1951-1953, Box 76, *SWAR-Kyonggi Do, Monthly Activities Report*.

USAFIK, *History of the United States Armed Forces in Korea*, Manuscript in Office of the Chief of the Military History, Washington, D.C., 『주한미군사』 1~4, 돌베개 영인간행, 1988.

USAFIK, G-2 *Periodic Report*(1945.9~1949.6), 『주한미군일일정보요약』, 한림대 아시아문화연구소 영인간행, 1988~1989.

USAFIK, G-2 *Weekly Summary*(1945.9~1948.11), 『주한미군주간 정보요약』, 한림대 아시아문화연구소 영인간행, 1989.

경남대학교 극동문제연구소, 『지방미군정자료집』 전 3권, 경인문화사, 1993.

미군정청, 『미군정청 관보』 1~4권, 원주문화사영인, 1992.

정용욱 편, 『해방직후 정치사회사 자료집』 전 12권, 다락방, 1994.

◆ 영문 단행본 및 논문

Allison William Thomas, *Military Justice in Vietnam: the Rule of Law in an American War*, Univ. Press of Kansas, 2007.

Anthony J. Garner, "Hawaiian Martial Law in Supreme Court", *The Yale Law Journal*, Vol. 57, 1947.

Arnold Frazer, "The Rationale of Martial Law", *American Bar Association Journal*, Vol. 15, 1929.

Aycock William B., Wurfel, Seymour W., *Military Law under the Uniform Code of Military Justice*, University of North Carolina Press, 1955.

Baker James E., *In the Common Defense : National Security Law for Perilous Times*, Cambridge University Press, 2007.

Baliantine Henry Winthrop, "Martial Law", *Columbia L. Rev.* Vol. 12, 1912.

Banks William C., Raven-Hansen, Peter, *National Security Law and the Power of the Purse*, Oxford University Press, 1994.

Birkhimer William E., *Military Government and Martial Law*, Franklin Hudson Pub Co., 1904.

Bishop Joseph Warren, *Justice under Fire: A Study of Military Law*, Charterhouse, 1974.

Bowman Harold M., "Martial Law and The English Constitution", *Michigan Law Review*, Vol. 15, 1916.

Carbaugh H. C., "Martial Law", *Illinois Law Review*, Vol. 7, 1913.

CooK William H., "Courts-Martial: The Third System in American Criminal Law", *Southern Illinois University Law Journal*, Vol. 3, 1978.

Cosgrove Richard A., "The Boer War and the Modernization of British Martial Law", *Military Affairs*, Vol. 44, No. 3, 1980.

Dennison George M., "Martial Law: The Development of a Theory of Emergency Powers, 1776-1861", *The American Journal of Legal History*, Vol. 18, 1974.

Dycus Stephen, *National Security law*, Aspen Publishers, 2007.

Everett Robinson O., *Military Justice in the Armed Forces of the United States*, Military Service Pub. Co., 1956.

Fidell Eugene R., Sullivan Dwight Hall, *Evolving Military Justice*, Naval Institute Press, 2002.

Fairman Charles, "The Law of Martial Rule", *The American Political Science Review*, Vol. 22, No. 3, 1928.

Feldman William, "Theories of Emergency Powers: A Comparative Analysis of American Martial Law and the French State of Siege", *Cornell International Law Journal*, Vol. 38, 2005.

Ferejohn John and Pasquino Pasquale, "The law of the Exception: A Typology of Emergency Powers", *I. CON*, Vol. 2, No. 2, 2004.

Fisher Louis, *Military Tribunals and Presidential Power: American Revolution to the War on Terrorism*, University Press of Kansas, 2005.

Frank John P., "EX Parte Milligan v. The Five Companies: Martial Law in Hawaii", *Columbia Law Review*, Vol. 44, 1944.

Friedrich Carl J., *American Experiences in Military Government in World War II*,

Rinehart, 1948.

Govern Kevin H., "'Making Martial Law Easier' in the U.S.", *The Homeland Security Review,* Vol. 1, No. 3, 2007.

Gregory James P., "Some Aspects of Martial Law and Military Necessity", *Kenturky Law Journal,* Vol. 6, 1917.

Hillman Elizabeth Lutes, *Defending America: Military Culture and the Cold War Court-Martial,* Princeton University Press, 2005.

Hogan Michael J., *A Cross of Iron: Harry S. Truman and the Origins of the National Security State, 1945-1954,* Cambridge University Press, 1998.

Issacharoff Samuel and Pildes Richard H., "Emergency Contexts without Emergency Powers: The United States' Constitutional Approach to Rights during Wartime" *I.CON,* Vol. 2, No. 2, 2004.

Jonathan Lurie, *Military Justice in America: the U.S. Court of Appeals for the Armed Forces, 1775-1980,* University Press of Kansas, 2001.

King Archibald, "The Legality of Martial Law in Hawaii", *California Law Review,* Vol. 30, 1942.

Malone Allen T. and Crump Charles M., "Martial Law for Munitions Procurements?", *Administrative Law Review,* Vol. 24, 1972.

Manila Metro, *The Armed Forces and Martial Law,* Agro, 1980.

Mettraux Guenael, "U.S. Courts-Martial and the Armed Conflict in the Philippines (1899-1902): Their Contribution to National Case Law on War Crimes", *Journal of International Criminal Justice,* Vol. 1, No. 1, 2003.

Moore John Norton, Turner Robert F., *National Security Law,* Carolina Academic Press, 2005.

Nabulsi, Karma, *Traditions of War: Occupation, Resistance, and the Law,* Oxford University Press, 1999.

Neocleous Mark, "From Martial Law to the War on Terror", *New Criminal Law Review,* Vol. 10, No. 4, 2007.

Ness Leland S., "Martial Law and the National Guard", *New York Law Forum,* Vol. 18, 1972.

Radin Max, "Martial Law and the State of Siege", *California Law Review,* Vol. 30, 1942.

Rankin Robert S., "The Constitutional Basis of Martial Law" *The Constitutional Review,*

Vol. 13, 1929.

Rankin Robert S., "Martial Law and the Writ of Habeas Corpus in Hawaii", *The Journal of Politics,* Vol. 6, No. 2, 1944.

Rankin, Robert S, *When Civil Law Fails: Martial Law and Its Legal Basis in the United States,* AMS, 1965.

Richards, Peter Judson, *Extraordinary Justice: Military Tribunals in Historical and International Context,* New York University Press, 2007.

Scheppele Kim Lane, "North American Emergencies: The Use of Emergency Powers in Canada and the United States", *Int'l J Con Law,* Vol 4, No 2, 2006.

Scheuerman William E., "Emergency Powers", *Annual Review of Law and Social Science,* Vol. 2, 2006.

Schiller A. Arthur, *Military Law : Statutes, Regulations and Orders, Judicial Decisions, and Opinions of the Judge Advocates General,* West Pub., 1952.

Shanor Charles A. and Hoque L. Lynn, *National Security and Military Law,* West, 2003.

Smith J. W. Brabner, "Martial Law and the Writ of Habeas Corpus", *The Georgetown Law Journal,* Vol. 30, 1942.

Stuart Douglas T., *Creating the National Security State : A History of the Law That Transformed America,* Princeton University Press, 2008.

Tillotson Lee S., *The Articles of War Annotated,* Pennsylvania Harrisburg, 1944, 1949.

Tillotson Lee S., *Index-Digest and Annotations to the Unifrom Code of Military Justice,* The Military Service Publishing Company, 1952.

Townshend Charles, "Martial Law: Legal and Administrative Problems of Civil Emergency in Britain and the Empire, 1800-1940", *The Historical Journal,* Vol. 25, No. 1, 1982.

U.S. The Judge Advocate General of the Army, *Manual for Courts-Martial U.S. Army 1949,* 1949.

U.S. The Judge Advocate General of the Army, *Military Laws of the United States 1939,* Government Printing Office, 1940.

U.S. The Judge Advocate General of the Army, *Digest of Opinions of the Judge Advocate General of the Army,* Government Printing Office, 1942.

Sawyer, Robert, *Military Advisors in Korea : KMAG in Peace and War,* Office of the Chief of Military History, Department of the Army, 1962.

United States War Dept., United States Army Office of the Judge Advocate General, *A Manual for Courts-Martial: U. S. Army*, U. S. G. P. O., 1943.

United States, *Military Laws of the United States(Vol. 1, 2)*, U. S. G. P. O., 1940-1943.

United States, *Military Laws of the United States*, G. P. O., 1950.

Wallace Donald H. and Kreisel Betsy, "Martial Law as a Counterterrorism Response to Terrorist Attacks: Domestic and International Legal Dimensions", *International Criminal Justice Review*, Vol. 13, 2003.

Whittingham Richard, *Martial Justice : The Last Mass Execution in the United States*, Naval Institute Press, 1997.

Wiener Frederick Bernays, *A Practical Manual of Martial Law*, Military Service Publishing Co., 1940.

Wiener Frederick Bernays, *Civilians under Military Justice : the British Practice since 1689, especially in North America*, University of Chicago Press, 1967.

Wiener Frederick Bernays, *Military Justice for the Field Soldier*, The Infantry Journal, 1944.

Wolfe Robert, *Americans as Proconsuls : United States Military Government in Germany and Japan*, 1944-195, Southern Illinois University Press, 1984.

Yergin Daniel, *Shattered Peace : The Origins of the Cold War and the National Security State,* Penguin Books, 1980.

◆ 일문 및 중문 자료

玉名友彦, 『朝鮮刑事令釋義』, 大洋出版社, 1944.

荻野富士夫 編, 『治安維持法關係資料集』, 新日本出版社, 1996.

藤井德行, 「昭和 16年·　內務省　警察局における戒嚴令硏究」(一), (二), 『硏究紀要』 제22, 23권, 兵庫敎育大學, 2002·2003.

大江志乃夫, 『戒嚴令』, 岩波書店, 1978.

三浦惠一, 『戒嚴令詳論』, 松山房, 1932·1934·1943.

鵜飼信成, 『戒嚴令槪說』, 有斐閣, 1945.

日高巳雄, 『戒嚴令解説』, 良栄堂, 1943.

松尾章一, 『關東大震災と戒嚴令』, 吉川弘文館, 2000.

吳文星 등 편, 『戒嚴時期臺灣政治事件口述歷史』, 대만성문헌위원회, 2001.

莫纪宏, 徐高, 『戒嚴法律制度概要』, 북경: 法律出版社, 1996.

刘小兵 편저, 『戒嚴与戒嚴法』, 북경: 中国人民公安大学出版社, 1995.